일본인과 이순신

일본인과 이순신

왜, 그들은 이순신을 존경하는가

이종각 지음

이상

일러두기

1. 본문에 실린 주요 원전의 번역은 《난중일기》(노승석 역, 여해, 2015년), 《교감·해설 징비록》(김시덕 역해, 아카넷, 2013년), 《이충무공전서 (상, 하)》(이은상 완역, 성문각, 1989년)를 위주로 인용했으며, 다른 번역본을 참고했다.

2. 《선조실록》을 비롯한 각종 실록기사의 번역은 국사편찬위원회 홈페이지(www.history.go.kr) 조선왕조실록 국역 사이트에서 인용했다.

3. 세키 고세이(惜香生)가 쓴 《조선이순신전(朝鮮李舜臣傳)》의 번역은 《조선 이순신전》(박형균 역, 통영사연구회 제5집, 2012년)을 인용했다.

4. 1897년 대한제국이 성립되기 전 우리나라는 '조선'으로 표기하되 맥락에 따라 '조선'과 '한국'을 병용했다.

5. 일본어 인명과 지명 등은 맨 처음 나올 때 일본식 발음으로 읽고, 괄호 안에 한자를 적었다. 두 번째부터는 한자를 생략했다.

6. '천황(天皇)'의 경우 최근 국내에서는 '일황', '일왕' 등으로 불리고 있으나 '천황'은 일본에서 고대 이래 사용된 역대 군주의 칭호일 뿐이고, 서양에서도 황제와 같은 의미의 '(the) Emperor'가 사용되고 있다. 따라서 '메이지 천황', '천황' 식으로 표기했다.

7. 인용문 등에서 [ ]부분은 필자가 설명한 것이다.

이 책은 방일영문화재단의 지원을 받아 저술·출판되었습니다.

| 근대일본인이 그린 이순신과 거북선 |

삽화를 넣어 임진왜란을 서술한《에혼조선정벌기(繪本朝鮮征伐記) 상》(야마모토
쓰네지로(山本常次郎) 편, 1887년)에 그려진 이순신의 모습. 임진왜란 전 이순신이
여진족과의 전투에서 백마를 타고 활을 쏘는 모습으로 임진왜란을 다룬 다른 일본서적의
그림에 비해 준수한 용모로 그려져 있다.

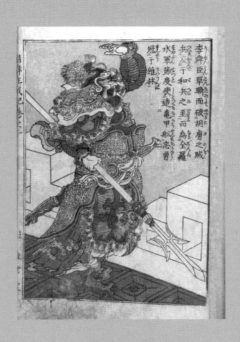

19세기 중반에 출간된 《에혼조선정벌기》(쓰루미네 히코이치로(鶴峯彦一郞) 교정, 하시모토 교쿠란(橋本玉蘭) 그림 및 지도, 1853년)에 그려진 용감무쌍한 모습의 이순신. 이순신은 단기(單騎)로 북쪽 오랑캐를 무찔렀으며, 전라 수군절도사로서 귀갑선(거북선)을 만들고, 충용으로 가장 앞섰다는 등의 설명이 붙어 있다.

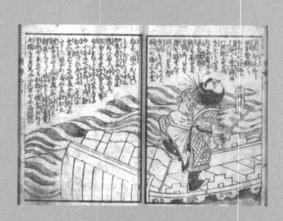

일본 중세 성리학자 호리 교안(堀杏庵)이 쓴 《조선정벌기(朝鮮征伐記)》(1633~1635년)에
후일 삽화를 넣어 간행한 책에 그려진 이순신. 사천해전(1592년 5월 29일)에서 왼쪽
어깨에 적의 유탄을 맞은 이순신이 칼로 살을 찢고 총알을 빼내는, 태연자약한 무사다운
모습이 그려져 있다.(19세기 중기 간행)

견내량전투(1592년 7월 7일)에서 이순신이 거북선을 이끌고 일본 수군과 싸우는 모습을
그린《에혼조선정벌기, 하》(야마모토 쓰네지로 편, 1887년)의 한 장면.

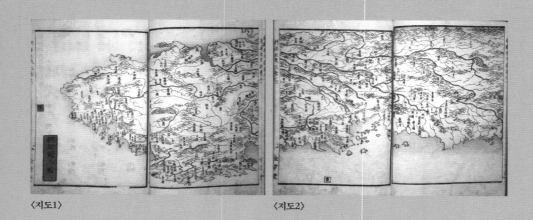

〈지도1〉   〈지도2〉

《에혼조선정벌기》(쓰루미네 히코이치로 교정, 하시모토 교쿠란 글 및 그림 , 1853년)에
수록돼 있는 '조선국전도(朝鮮國全圖)'. 한반도 북부와 남부를 각각 두 쪽에 나누어
수록하고 있는데, 지도가 상하가 아닌 좌우의 형태로 그려져 있다. 지도1의 오른쪽 아래
부분이 경상도, 왼쪽 아래 부분이 전라도다. 부산포 바로 옆에 고령과 의성현이 그려져 있는
등 전체적으로 정확하지 않다.

차례

일제 강점기 진해에 주둔해 있던 일본 해군은 충무공 이순신을 모시는 사당인 통영 충렬사를 찾아 매년 정기적으로 이순신을 기리는 제사를 올렸다. 사진은 충렬사의 본당인 정당(正堂) 건물.

통영(統營) 시가지가 내려다보이는 언덕에 있는 충렬사(忠烈祠)
는 충무공 이순신(李舜臣)의 위패를 모시고 제향을 올리는 사당이다.[1]
정유재란(1597년) 7주갑, 즉 420주년이 되는 해인 2017년 노량해전
에서 전사한 이순신의 기일(1598년 11월 19일)에 맞춰 충렬사를 찾았
다. 내가 이 충렬사를 처음 찾은 것은 중학생이던 1960년대 중반, 당
시에는 충무(忠武)로 불리던 이곳으로 수학여행을 왔을 때였다.[2]

---

1 충무공을 기리기 위한 사당인 충렬사는 두 곳에 있다. 통영 충렬사는 임진왜란이 끝난 지 8년 후인 1606
년(선조 39년) 왕명에 의해 세워졌고, 그로부터 50년 후 이순신이 전사한 노량이 있는 경남 남해군에도
충렬사가 건립되었다. 1663년, 현종은 두 사당에 모두 충렬사라는 사액(賜額, 임금이 사당 이름을 지어서 새
긴 편액)을 내렸다.

2 임진왜란 발발 다음 해인 1593년 충청, 전라, 경상 삼도의 수군을 지휘하는 삼도수군통제사 직제가 신
설되고, 통제사가 주둔하는 총본영을 통제영(統制營)이라 했다. 초대 통제사로 제수된 이순신은 진으로
삼고 있던 한산도에 통제영을 설치했는데, 통영(統營)이란 지명도 이 통제영에서 비롯되었다. 1955년
통영읍이 시로 승격되면서, 통영군과 분리되어 이순신의 시호 충무공(忠武公)을 따 충무시로 개칭하였
고, 1995년 충무시와 통영군이 합쳐지면서 통영시가 되어 오늘에 이른다.

50여 년 만에 충렬사를 다시 찾은 것은 일제강점기 진해에 근무하고 있던 일본 해군소좌[소령]가 이순신 제사를 올리기 위해 동료 장병들과 해마다 이곳을 찾았다는 증언이 있어, '그 현장'을 확인해보기 위해서다. 충렬사 정문을 지나 사당 제일 안쪽에 이르면, 충무공의 영정이 모셔져 있는 본당인 정당(正堂)건물이 나온다.

　정당 앞뜨락에 서서 일본 해군들이 그리 넓지 않은 마당에 도열해 엄숙한 표정으로 300여 년 전 자신들의 조상에게 처절한 패배를 안겨주었던 적장 이순신의 혼령에 제사를 올리는 모습을 상상해보았다.

　이순신은 임진왜란 중, '이 적들과는 같은 하늘 아래서 살지 않기로 맹세했다(誓不與此賊 共戴一天)'고 할 정도로, 일본인을 불구대천의 원수로 생각했었다. 그 '원수의 후손'들이 한국을 식민지로 삼아 통치하던 시절, 진해에 주둔하는 일본 해군들이 이곳을 찾아 자신을 위해 제사를 올리는 모습을, 하늘에서 내려다본 이순신의 심정은 어떠했을까?

　진해에서 통영까지의 거리는 약 40킬로미터. 진해에 근무하는 일본 해군들이 육로를 이용했건, 선박을 이용했건 당시에는 한나절이 족히 걸렸을 충렬사를 일부러 찾아 그들의 식민지였던 조선의 옛 장군인 이순신에게 제사를 올린 사실은 매우 특별한 의미를 지닌다.

　먼저 일본 역사상 일본 군대가 한국인을 위해 제사를 올린 기록은 이순신의 경우를 제외하고는 지금까지 한번도 없었다. 그것도 도요토미 히데요시(豊臣秀吉)의 야망이던 조선침략을 달성하기 일보 직전에 무산시키고 일본에 심대한 타격을 안겨주었던 이순신을 위해, 일본군인들이 제사를 올린다는 것은 더 더욱 상상하기 힘들기 때문이다.

나아가 진해에 주둔해 있던 일본 해군의 충렬사 참배가 진해요항부(要港部)의 공식행사였고, 그것도 연례행사로 행해졌다는 사실은 당시 진해요항부 사령관, 나아가 본국 해군 고위층 등 일본군부의 용인 없이는 불가능했을 것이기 때문에 그 의미는 더욱 남다르다.

충렬사 경내에는 임진왜란 당시 조선 지원군으로 파견되었던 명나라 도독 진린(陳璘)[3]으로부터 이순신의 전공(戰功)을 보고 받은 명나라 황제 신종(神宗)이 이를 가상히 여겨 하사한 도독인(都督印), 영패(令牌) 등 8종 15점의 팔사품(八賜品)[4]이 보존되어 있다. 팔사품은 임진왜란 때 명이 조선에 지원군을 파견해주어 패망 직전의 나라를 다시 세워준 은혜, 이른바 재조지은(再造之恩)이라며 조선이 두고두고 감지덕지했던, 그 명의 천자(天子)가 이순신의 공훈을 인정했다는 증거물에 다름 아니다.

임진왜란은 한중일 삼국이 두 편으로 나뉘어 싸운 동아시아의 첫 국제전이었다. 그 전쟁이 끝난 지 300여 년 후 행해진 일본 해군의 충렬사 참배는 임진왜란이 발발하자 조명연합군을 형성해 일본과 싸웠던 한중 양국만이 아니라 적국인 일본의 근대 해군에서도 이순신의 공적을 높이 평가하고 그를 존숭(尊崇)하는, 기이한(?) 현상이 일

---

3 진린은 선조에게 글을 올려 말하기를, "통제사는 하늘을 날로 삼고 땅을 씨로 삼아 온 천지를 다스릴 인재요, 하늘을 깁고 해를 목욕시키는 천지에 가득한 공이 있다(統制使有經天緯地之才 補天浴日之功)"고 이순신을 극찬했다.

4 팔사품 가운데 도독인을 제외하고는 모두 한 쌍으로 총 15점인 이 물품들은 조선시대에는 통제영에서 보관해오다가 1896년부터 통영 충렬사에서 관리를 맡았다. 1969년 아산 현충사(顯忠祠)가 준공됨에 따라 도독인은 모조품을, 나머지는 각기 한 벌씩을 아산 현충사로 옮겨 전시하고 있다.

어났음을 말해준다. 동아시아 역사에서는 유일무이한 기록이다. 세계사에서도 그 유례를 찾아 볼 수 없는 특이한 일일 것이다.

러일전쟁(1904~1905년) 중 일본 연합함대는 그들의 선조가 임진왜란 당시 이순신에게 연전연패 당했던 해역인 진해만 일대에 1905년 2월부터 3개월간 잠복해 러시아 발틱함대를 기다리면서 함포사격 등 맹훈련을 거듭하고 있었다. 연합함대는 같은 해 5월 27일 쓰시마(對馬島)해전에서 발틱함대를 궤멸시키는 대이변을 만들어 세계를 놀라게 했다. 청일전쟁(1894~1895년)에 이은 러일전쟁의 승리를 발판으로 한국을 식민지화(1910년)하는 데 성공한 일본은 천혜의 양항(良港)인 진해에 근대식 군항을 건설하면서, 1916년 해군진해요항부를 설치했다. 일본 해군의 전략적 요충이 된 진해에 일본 해군들이 근무하게 되면서 그들이 충렬사를 참배하는, 그 누구도 상상하지 않았던 뜻밖의 일이 일어난 것이다.

이순신이 임진왜란 중 일본군과 벌인 20여 차례의 전투는 그야말로 사투의 연속이었고,[5] 결국 노량해전(1598년)에서 전사하는 등, 그의 생애 후반부는 일본과의 악연의 연속이었다. 300여 년이 지나서 그 악연은 일본해군의 옛 적장에 대한 존숭으로 바뀌었고 400여 년이 지난 현대에 들어와서는 각급 학교 일본 교과서에 이순신의 활약상이 소개되는 등, 누구도 예상치 못한 현상으로 반전되어 나타났다.

---

5 이순신이 임진왜란 중 벌인 해전은 소규모 전투 포함 여부 등에 따라 '26회'(최두환, 《충무공이순신전집》, 1999년), '23회'(김태훈, 《그러나 이순신이 있었다》, 2014년), '17회'(이민웅, 《임진왜란해전사》, 2004년), '16회'(기타지마 만지(北島萬次), 《히데요시의 조선침략과 민중(秀吉の朝鮮侵略と民衆)》, 2012년) 등으로 각기 다르다. '40여 차례'(노승석 역, 《난중일기》, 2015년)라는 견해도 있다. 이 책에선 '20여 회'로 한다.

역사의 아이러니인가? 아니면 걸출한 위인에 대한 역사적 평가는 결국 바른 방향으로 가는 것인가?

이 책은 '일본인과 이순신'이란 주제를 두 가지 측면에서 다루고자 한다. 먼저 일본인들이 임진왜란 이후 이순신을 어떻게 알게 되어, 현재까지 어떻게 평가하고 있는지, 즉 일본인에게 형성된 이순신 상(像)과 그 의미를 추적해보았다. 또 다른 측면은 이순신은 살아 있을 때 어떤 일본인과 접촉하고, 일본인에 대해서는 어떤 생각을 갖고 있었는지 등을 중심으로 이순신과 일본인의 관계를 다루었다.

1장

일본인이 본 이순신

1 　메이지 해군의 이순신 외경

영국 해군을 모델로 한 일본 해군

먼저 메이지(明治, 1868~1912년)시대 일본 육해군의 창설과정을 살펴보자. 1868년 메이지유신 후 일본은 서양식 근대화를 추진하면서 프랑스 육군, 영국 해군을 모델로 군대를 창설했다. 이 과정에서 장교를 육성하는 교육기관으로 육군에서는 육군사관학교(1874년)를, 해군에서는 해군병학교(1876년)를 각각 개설했고, 이들 학교는 1945년 8월 일본 패전 때까지 존속됐다.[1]

메이지유신 직전까지, 일본은 중세 이래 수많은 내전을 겪고 풍부한 실전 경험과 뛰어난 무기체제 등을 갖추며 강력해진 육군과 달

---

1 해군조련소(海軍調練所, 1869년 설립), 해군병학료(海軍兵學寮, 1870년 설립) 등을 거쳐 설립된 해군병학교는 처음 도쿄 쓰키지(築地)에 세워졌다가 곧 히로시마(廣島)현 에다시마(江田島)로 이전했다. 이 학교는 육사와 마찬가지로 무상교육이었기 때문에, 전국에서 우수한 젊은이들이 대거 지원했다.

리 한반도, 중국 등지에 출몰했던 왜구와 임진왜란(1592~1598년) 때 급조된 허약한 수군 이외에 변변한 해군을 가지지 못했다. 임진왜란 중 일본 수군의 실력을 알게 된 조선에서는 '수전은 자못 우리나라의 장점이요…'(《선조실록》, 1595년 10월 27일), '왜놈은 우리보다 수전에는 뒤떨어지는데, 애초에 생각이 얕은 사람들이 우리 군사는 수전에 유리하지 않다고 망령되이 말하여…'(류성룡,《진사록(辰巳錄)》)와 같은 기록에서 보듯 일본 수군은 약하고, 조선 수군은 일본 수군보다 한 수 위로 자평하고 있었다.

그런가 하면 당시 조선에 원군을 파견했던 명의 임진왜란 통사인 《양조평양록(兩朝平攘錄)》도 '[왜는] 육전은 잘하나, 수전은 겁낸다(長於步戰怯於水戰)'고 지적하고 있다.

이처럼 당시 일본과 싸웠던 조선과 명에서는, 일본은 수전에는 약하다는 데 대체적으로 인식을 같이하고 있었다. 후대에 와서도, 예를 들면 1940년대 초 일본 해군대좌(대령) 출신인 한 전사연구가는 임진왜란 당시의 일본 수군에 대해 '이름은 수군이라 칭했지만 선박을 보유한 육군에 지나지 않았다. 따라서 조선역(朝鮮役[임진왜란])에서 수군이 패배를 맛본 것은 자연스러운 결말이라고 할 수 있다'(아리마 세이호(有馬成甫),《조선역수군사(朝鮮役水軍史)》, 1942년)라고까지 말하고 있다.

어쨌든 해전에 약했던 일본은 메이지유신 이후 해군을 처음 창설하면서 당시 유럽에서 가장 선진국이고, 지리적으로 일본과 같은 섬나라인 영국 해군을 모델로 삼았다. 해군병학교엔 영국 해군 장교 등이 교관단[2]으로 초빙(1873년)되어 생도들을 지도했는데 강의와 교과서는 물론 생도들의 생활용어도 영어를 사용토록 했다.

해군병학교 초대 교관단 단장으로 약 2년간 근무했던 더글러스(Archibald Lucius Douglas) 소령은 생도들에게 '대영제국의 권위는 해군에 의해 유지되고 있다'는 말을 상기시키면서 '사관이기 이전에 먼저 신사가 되라', '일본제국의 영광과 위엄은 해군장교 각자에 달려 있다'고 가르쳤다.

해군병학교 생도들은 3~4년간의 교육을 받은 뒤 졸업해 해군 소위후보생으로 임관되었고, 이들은 서서히 일본 해군의 주축이 되어갔다. 놀랍게도 300여 년 전 노량해전에서 적탄에 맞아 전사한 이순신이라면 꿈에도 생각하지 않았을 일이 이들 '메이지 해군' 장교들 사이에서 일어났다. 일본의 저명한 역사소설가인 시바 료타로(司馬遼太郎, 1923~1996년)의 표현을 빌리자면, 메이지 해군 장교들 사이에서 이순신을 '외경(畏敬)'[3]하는, 즉 '공경하며 두려워'하는 현상이 생겨난 것이다. 옛 적국의 해군 장교들에게서 일어난 이 같은 이순신에 대한 외경이 일본 정부나 해군지휘부 등의 지시나 강요에 의한 것이 아니라 해군장교들의 마음속에서 자생적으로 우러나왔다는 사실은 매우 의미 있는 일이라 하겠다. 이 같은 현상은 메이지 해군들의 이순신에

---

2 처음 일본에 부임한 영국교관단은 장교 6명, 하사관 12명, 수병 16명으로 총 34명 규모였다. 영국교관단에 의한 일본 해군병학교 교육이 어느 정도 기초가 다져지자 교관단은 점차 축소되어 1881년엔 항해술, 포술, 수학 등을 담당하는 5명 정도로 줄어들었다. (가게야마 노보루(影山昇), 《해군병학교 교육(海軍兵學校の敎育)》, 1978년)

3 시바 료타로는 "메이지 시대가 일본 해군 사관이 이순신이라는 300년 전의 적장에 대하여 얼마나 외경(畏敬)심을 가지고 있었는지를 알 수 있을 것"(《가도를 가다 (2) - 한(韓)나라 기행(街道をゆく 2ᵒ韓のくに紀行)》, 1978년)이라고 했고, 다른 에세이 작가는 당시 일본 해군이 이순신을 '숭경(崇敬, 높여 존경하고 사모함)', '경앙(敬仰, 공경하여 우러러 봄)'하고 있었다고 적고 있다. (후지이 노부오(藤居信雄), 《이순신각서(李舜臣覺書)》, 1982년)

대한 인식, 평가가 객관적이었다는 사실에서 출발하고 있다. 만약, 메이지 해군들이 이순신을 제대로 알지 못한 채 폄하하고 왜곡하는 인식을 가지고 있었더라면, 이 같은 현상은 일어나지 않았을 것이다.

메이지 해군은 당시로부터 300여 년 전에 있었던, 조선침략의 실패 원인은 이순신의 탁월한 전술, 전략에 의해 일본 수군이 남해안의 제해권을 빼앗기는 등 무능했기 때문이라는 사실을 익히 알고 있었다. 나아가 이순신은 히데요시의 야망을 좌절시킨 적장이지만, 그가 당시 조선을 구해낸 영웅일 뿐 아니라 전 세계 해군사에서 유례를 찾아볼 수 없는 명장으로, 같은 해군에 몸담고 있는 그들로서는 마음속으로 존경할 만한 장군임을 인정하고 있었던 것이다.

가와다 소위, 이순신 혼령에 빌다

러일전쟁 중 일본 해군이 명운을 걸고 대한해협과 울릉도 남부 해역 사이에서 러시아 발틱함대와 벌인 쓰시마해전(1905년 5월 27~28일). 한국 진해만에 잠복해 북유럽 발트해의 군항인 리바우를 출발(1904년 10월 15일)한 발틱함대가 나타나기를 기다리고 있던, 도고 헤이하치로(東鄕平八郞) 대장이 이끄는 일본 해군 연합함대는 5월 27일 새벽 5시 5분, 쓰시마 근해를 순시 중이던 초계함으로부터 '적함 203 지점에 보인다…(敵艦二0三地点に見ゆ…)'는 무선보고를 받았다.

'적함 보인다'는 보고를 받고 출동하는 연합함대 장교 중에는 수뢰정(水雷艇)에 배속된 가와다 이사오[4](川田功, 1882~1931년)라는 소위가 있었다. 수뢰정은 어뢰를 장착하고 있는 작은 보트다.

당시 러시아는 일본에 비해 육군은 6배 이상, 해군은 약 2배의 병력을 보유하고 있는 군사대국이었다. 당시 일본정부와 국민들은 만약 러일전쟁에서 패배할 경우 일본은 쓰시마와 홋카이도(北海道)를 빼앗기는 것은 물론, 자칫하다간 러시아의 속국으로 전락할 것으로 생각하고 있었다고, 현대의 저명한 작가는 묘사하고 있다. 가와다 소위는 자신의 생명은 물론 연합함대, 나아가 일본의 존망이 걸린 발틱함대와의 결전에 나서기 직전, 놀랍게도(?) 300여 년 전의 적장이었던 이순신의 혼령에 다음과 같이 빌고 있다.

… 히데요시가 조선정벌을 했을 당시의 옛 전쟁터가 아닌 곳이 없었다 …. 이렇게 생각하니 당연히 세계 제1의 해장(海將)인 조선의 이순신을 연상하지 않을 수 없었다. 그의 인격, 그의 전술, 그의 발명, 그의 통제술, 그의 지모와 그의 용기. 어느 한 가지 상찬하지 않을 것이 없다. 특히 이때 분기치(文吉)를 움직인 것은, 일본 측이 쏜 탄환에 왼쪽 어깨를 맞아, 피투성이가 되어 피가 발뒤꿈치까지 흘러내렸는데도, 순신은 고통을 입 밖에 내지 않은 채, 전투가 끝난 뒤에야 비로소 칼로 살을 잘라, 탄환을 빼냈고, 그 탄환은 수촌(數寸[약 6센티미터]) 깊숙이 들어가 있었다. 이것을 보는 자들의 안색이 새파랗게 되었는데도,

---

4 가와다 이사오는 해군병학교 제31기생으로 1900년 12월에 입교, 1903년 12월에 졸업해 소위간부후보생에 임명됐다. 제31기생은 210명이 입교해, 187명이 졸업한 것으로 돼 있다. (秦郁彦 편, 《일본육해군총합사전(日本陸海軍總合事典)》, 1991년) 제31기생은 1904년 9월 소위, 1905년 8월 중위, 1908년 9월 대위로 진급한 뒤 소좌 진급은 개인에 따라 1911년, 1912년, 1913년 등으로 약간 다르다. 가와다는 1924년 소좌로 전역했다.

순신은 태연자약하게 담소하고 있는 모습이었다. 이 일을 떠올리자, 분키치의 인내력은 10배나 되어, 쑤셔오는 것 같은 통증을 느낄 때마다, 그는 마음속에 '순신, 순신'이라고 부르며, 통증을 견뎌내는 용기를 진작시켰다. 위대한 옛 영웅의 유업이 아닌가. 300년 후의 오늘, 순신의 이름은 분키치의 아픔을 치유해주는 힘이 되었다.

_____ **가와다 이사오,《포탄을 뚫고서(砲彈を潜りて)》, 1925년**

타고난 문재(文才)가 있었던 가와다는 해군소좌를 끝으로 전역(1924년)한 뒤엔 소설가로 전신했다. 그는 자신이 경험한 러일전쟁을 소재로 쓴《포탄을 뚫고서》라는 소설[5]에서 이순신을 이같이 칭송하면서, 이순신의 혼령에 자신의 안전과 일본 해군의 승리를 빌고 있다. 가와다는 이 소설의 주인공으로 자신의 실명이 아닌 '교 분키치(京文吉)'라는 이름의 해군 수병을 등장시키고 있다.

그렇다면 가와다 소위 같은 메이지 해군 장교들은 이순신의 인격, 전술, 발명, 용기, 통솔력, 계략 등 이순신의 갖가지 장점을 어떻게 알게 된 것일까?

---

5 가와다 이사오는《포탄을 뚫고서》를 쓰기 8년 전인 1917년 당시 해군소좌로서 자신이 소위로서 참전한 쓰시마해전에 관해《군인인 몸(軍する身)》이라는 글을 썼다. 그는 소책자로 발간된 이 글에서 '숭고 위대한 황위(皇威)' 등 천황의 공덕을 찬양하면서 전투상황을 그리고 있는데 이순신에 대한 언급은 일절 없다. 이 책을 쓸 때 그는 현역 해군장교의 신분이었던 만큼 일본의 옛 적장인 이순신을 찬양하는 것이 곤란했을지 모른다. 그는 전역 후 하쿠분칸(博文館)에서 발행하는 소년지 편집장으로 근무하면서〈소년 소녀 해담(少年少女 海談)〉이란 잡지에 역시 자신이 경험한 쓰시마해전에 대해 '장렬 적함을 격멸하다(壯烈敵艦を擊滅す)'(1930년 5월호)라는 제목의 짤막한 글을 썼다. 그는 이 잡지가 소년지이고 일본이 군국주의로 치닫고 있던 시기에 이순신을 칭송하는 것은 마땅치 않다고 생각해서일까, 이 글에도 역시 이순신에 관해서는 언급하지 않고 있다.

가장 상식적인 추측으로는 메이지 해군 장교들이 당시 해군사관학교에 해당하는 해군병학교를 졸업한 만큼 재학 중 강의나 관련 책 등을 통해 이순신을 알게 되었다고 볼 수 있다.

소설가 시바 료타로는 메이지시대 해군 장교들이 "이순신을 학교에서 배우고 책을 통해 잘 알고 있었다"며 다음과 같이 말하고 있다.[6]

한 민족이 명장을 배출한다는 것은, — 내지 못하는 민족도 있습니다만 … 명장이란 재능은 한 민족의 긴 역사 가운데 두 명이나 세 명 있으면, 많은 편입니다. 하물며 바다의 명장이란 것은 드물어서, 적어도 일본해해전[쓰시마해전]까지의 일본사에서는 한 사람도 나오지 않았습니다. 그런데, 도요토미 히데요시의 조선침략 때, 조선에서는 이순신이라는 훌륭한 사람이, 당시의 어드미럴[admiral, 해군장성·제독]로서 크게 활약합니다. 조선의 일이므로, 정정(政情)이 복잡합니다. 승리하니까, 시기를 받아 옥에 갇힙니다. 그리고 다시 일본 수군이 쳐들어오니까, 이순신은 옥에서 풀려나와, 일본 수군을 여러 차례 격퇴합니다. 드디어 전장에서 죽고 맙니다. 그 이순신에 대한 연구는, 당시 한국인은 이순신이라는 이름도 잘 몰랐습니다. 아주 먼 옛날에 잊어버리고 있었습니다. 이순신을 발견한 것은 메이지의 일본 해군이었습

---

6 메이지시대 해군장교들은 이순신을 해군병학교에서 배웠지만 구 일본 해군의 맥을 잇는다고도 할 수 있는 오늘날의 해상자위대는 이순신을 가르치지 않는다고 한다. 일본 〈산케이신문〉의 서울특파원은 그 신문 칼럼에서 "해상자위대 술고(術科)학교(옛 해군병학교)에서도 전사교육 중 '이순신에 관해 가르치고 있을까'하고 적었다. 그러자 칼럼을 읽은 학교장이 즉시 편지를 보내어 '가르치지 않습니다'라고 알려주었다"고 적었다. (구로다 가쓰히로(黒田勝弘), 《날씨는 맑으나 파고는 높다》, 조양욱 역, 2017년) 최첨단 전함을 갖춘 해상자위대는 목선시대의 이순신에게는 배울 것이 없어서 가르치지 않는 것일까?

임진왜란을 다룬 일본 중세 성리학자 호리 교안이 쓴 《조선정벌기》(1633~1635년)에 후일
삽화를 넣어 간행한 책에 그려진 이순신의 모습. 사천해전(1592년 5월 29일)에서 왼쪽
어깨에 적의 유탄을 맞은 이순신이 칼로 살을 찢고 총알을 빼내는, 태연자약한 무사다운
모습이 그려져 있다.(19세기 중기 간행)

니다. 그에 대해 연구를 한 것도 메이지의 일본 해군이었습니다 … 그래서 메이지 37~38년경[1904~1905년, 러일전쟁 기간]의 일본 해군 사관은 이순신이란 이름을 학교에서 배우고, 책에서 읽어, 잘 알고 있었습니다. 그런데 이순신의 영혼에 빌었다 라고, 당시 수뢰정의 소위였던 사람이 적고 있습니다. 같은 동양인이기 때문에, 그랬을 것입니다. 먼 옛날에는 적과 아군이었기 때문에, 이순신이 그 기원을 들어주었는지, 않았는지는 모릅니다만.

———《'메이지'라는 국가 [하]('明治'という國家 [下])》, 1994년

"적이라도 걸출한 무장은 존경"

시바 료타로는 고병익(전 서울대 총장), 선우휘(전 조선일보 주필) 등 한·일 지식인들과 대담(《일한 이해의 길(日韓理解への道)》, 1987년)하는 자리에서도 일본 해군 소위가 이순신의 혼령에 빌었다는 사실을 언급하면서, "이것은 양국 사이를 나타내는, 매우 감동적인 일이라고 생각한다"고도 말했다. 메이지 해군 장교가 아군이냐, 적군이냐를 떠나 바다의 명장인 이순신의 혼령에게 빌었다는 사실은 정말 훌륭한 태도이지 않느냐, 그래서 자신은 감동받았다는 의미다.

메이지시대 해군 장교가 발틱함대와의 결전에 나서면서 이순신의 혼령에 자신과 일본 연합함대의 승리를 기원한 것은 한국인들과는 다른, 독특한 일본인의 사생관과 무인들의 사고방식에서 비롯하고 있다. 이 같은 일본인들의 사생관 등에 대해 일본의 저널리스트였

던 필자의 지인은 다음과 같이 설명한다.

일본인은 죽으면 모두 '호토케 사마(佛樣, 부처님)'가 되어, 모두 다 같이 되는데, 그 가운데 훌륭한 군인은 군신(軍神)이 된다고 생각한다. 일본은 [각지에서 다이묘들이 할거하여 패권을 다투었던 시대인] 전국(戰國)시대(1467~1568년)가 길었기 때문에 당당히 싸워, 강했던 적에게는, 그 적에게 이겼다 하더라도 경의를 표하고, 그 같은 적은 시해(死骸)를 소중히 장사 지내주고, 그의 무용담을 전해, 아군이냐 적이냐를 넘어 서로가 칭찬해주게 되었다. 일본에는 '적이지만 장하다'는 말도 있다. 적이지만 걸출한 무장은 칭찬하고, 존경한다는 의미이다. 임진왜란 중 동래성 전투에서 성이 함락되자 꿋꿋이 앉은 채로 칼을 맞은 동래부사[송상현(宋象賢)]를 당시 일본군이 성 밖에 장사지내 주고, 묘표(墓標)를 세워 그 자리를 알아보게 한 것도 그 같은 뜻에서다. 일본인에게 이순신은 적장이지만 일본군을 쩔쩔매게 만든 뛰어난 장군이기 때문에, 일본의 무인은 그를 존경하는 것이다. 그래서 발틱함대와의 중요한 전투를 앞두고 그 해군 장교는 이순신 장군을 군신으로 숭상하며, 자신들의 승리를 이끌어 달라고 기원한 것이다. 이는 일본인으로서 조금도 이상할 게 없고, 너무나 자연스러운 일이다. 시바 료타로 씨가 러일전쟁에 관한 소설을 쓰면서, 그 소위가 같은 동양인으로서 러시아와의 전투를 앞두고 동아시아의 방어를 위해 이순신에게 빌었을 것이라고 한 것은, 시바 씨의 개인적인 해석일 뿐이지만.

즉, 일본인들은 사람이 죽으면 모두 신이 되므로, 피아를 가릴 필요가 없다고 생각한다는 것이다. 이 같은 일본인의 사고방식으로 볼 때 이순신은 적장이지만 동양이 낳은 바다의 명장인 만큼, 그를 존경하는 것은 너무나 당연하다. 만약 메이지 해군이 이순신을 명장이 아니었다고 생각했다면, 물론 이순신의 혼령에 빌지 않았을 것이다.

그러나 반대로 당시 조선이 일본을 침략했다고 가정하고, 어느 일본 수군 장군이 임진왜란에서의 이순신처럼 적군(조선)을 물리쳤다면, 과연 300년 후 한국의 해군 장교들이 그 일본인 장군을 외경했을 것인가? 선악, 피아, 흑백논리 등 다분히 이분법적으로 구분하는 성향이 강한 한국인의 사고방식으로는, 아마도 적장인 일본인 장군을 외경하는 현상은 일어나지 않았을지 모른다.

그런가 하면 일본인이 이순신을 그처럼 명장으로 치켜세우고 존경하는 것은, 이순신처럼 훌륭한 장군과 싸운 당시 일본인 장수들 역시 훌륭하다는 점을 강조하기 위한 것이란 국내 학계의 해석도 있다.

임진왜란 중 열악한 상황에서도 조선 수군을 이끌고 연전연승하는 이순신의 모습을 지켜보던 이순신의 부하들이 그를 신으로 여겼다는 기록[7]이 있지만, 300여 년 후 메이지 해군들 또한 그들의 옛 적장인 이순신을 바다의 영웅, 나아가 군신으로 인식하고 있는 것이다.

물론 가와다 소좌 한 사람만이 이순신을 그처럼 존경한 것이 아니냐는 반론이 있을 수 있다. 그러나 시바 료타로는 이보다 10여 년 앞서 집필한 한국기행문인 《한(韓)나라 기행》(1978년)에서 메이지 일

---

7 "아군이 기습에 대비하였음을 알아챈 적은 … 마침내 아군을 감히 침범하지 못하고 달아나니 여러 장수들은 이순신을 신으로 여겼다(…遂不敢犯 逃走 諸將以爲神)."《징비록》)

본 해군사관의 이순신 외경 현상을 처음 언급하면서 "그 뒤의 해군사관들에게도 이 같은 전통이 있어 내가 알고 있기로도 전 해군대좌 마사키 이쿠토라(正木生虎), 동 야마야 다닌(山屋他人)[8] 씨 등도 그렇다"고 말했었다.

뿐만 아니라 청일전쟁과 러일전쟁에 참전했던, 일본 해군의 가장 뛰어난 전략사상가로 불리던 당시 해군대학교 교관들도 교재 등 자신들의 저술에서 이순신을 불세출의 명장으로 평가, 존경하고 있었다. 이 부분은 후술키로 한다.

이 같은 사실은 이순신 외경현상이 가와다 한 사람만이 아닌, 당시 해군장교들 사이에 널리 퍼져 있던 현상이었음을 말해준다. 따라서 이순신 외경 현상은 메이지시대 및 그 이후 다이쇼(大正, 1912~1926년)시대 초기까지는 일본 해군장교들 사이에 광범위하게 형성돼 있었던 현상으로 해석해도 큰 무리는 없을 것이다. 물론 이 시기에도 장교 이외에 하사관, 병졸 등 일본 해군 전체가 이순신에 대해 외경심을 가진 것이라고 말할 수는 없을 것이다.

그러나 쇼와(昭和, 1926~1989년)시대 초기, 즉 일본이 점차 군국주의로 치닫던 시절인 1920년대 후반부터는 해군에서도 이순신 외경

---

8 마사키 이쿠도라(해군병학교 제51기, 1902~1990년. 그의 아버지는 쓰시마해전에 참전한 예비역 해군중장)는 시바 료타로가 러일전쟁을 다룬 소설《언덕 위의 구름(坂の上の雲)》(1978년)을 쓸 당시 해군에 대해 몰랐던 그에게 자문역을 해주었다. (시바는 태평양 전쟁 당시 학도병으로 출전하여 본토결전에 대비하기 위한 전차부대의 소대장으로, 일본 국내에서 근무하던 중 일본패전을 맞았다.) 야마야 다닌(해군병학교 제12기, 1886~1940년)은 해군 대장을 지냈고, 현재(2018년, 아키히토(明仁) 천황 재위 중)의 황태자비 마사코(雅子)의 증조부에 해당한다. 시바는 마사키, 야마야 다닌의 아들 등 메이지시대 해군장교였던 아버지를 둔 사람 등으로부터 전해 들은 메이지 해군에 관한 이야기를《언덕 위의 구름》집필 시 참고했다고, 책 후기에서 밝히고 있다.

현상은 점차 사라져 갔다. 이 시기 해군 현역장교를 교육시키는 해군대학교 입교시험장에서 아래와 같은 일이 있었다. 1925년부터 1년간, 해군대위로서 해군대학교에 입교해 교육을 받았던 다카기 소키치(高木惣吉, 1893~1979년, 해군병학교 43기, 해군소장 예편)의 회고록을 잠시 살펴보자.

> 무더운 8월 하순에, 해대(海大) 갑종학생채용 구두시험이 실시되었다 … 해군성에서 나온 시험관이 "동서고금에 걸쳐 귀관이 가장 존경하는 무장은 누구인가?"라고 물었다. 무심코 도고 원수라고 할 경우 나보다 훨씬 원수를 잘 알고 있는 교관이나, 높으신 분들이 수십 명이나 죽 앉아 있기 때문에 그 다음 질문이 두려웠다. 넬슨도 해밀턴 부인의 일이, 위험하다고 생각했다. "네덜란드의 명장 드 로이테르(de Ruyter, 1607~1676년) 제독입니다.", "귀관은 드 로이테르의 어떤 점을 존경하는가?", "그 고결무비한 인격과 조국애, 그리고…" 입교 후 이자와(伊澤) 교관에게 들었다. 우리 해군에서는 넬슨은 알고 있으나 데 로이텔이나 프랑스 해군의 슈프랑(Pierre André de Suffren de Saint Tropez, 1729~1788년)을 알고 있는 사람은 적다는 것이었다…
>
> _____ 《자전적 일본 해군시말기(自傳的日本海軍始末記)》, 1979년

이 회고록을 참고할 경우, 다이쇼시대 말기의 해군대학교에서는 겉으로 드러나는 이순신 외경 현상은 없었던 것 같다. 당시 일본 해군 장교들은 존경하는 무장으로 넬슨은 꼽고 있으나, 이순신은 아예 거론조차 하지 않고 있는 것이다. 일본이 한국을 강제병합한 지 10여 년

이 경과하고 침략전쟁을 확대해 나가려던 시절, 일본의 엘리트 해군 장교들이 치열한 경쟁시험을 치르는 해군대학교 입교과정과 교육기간 동안에, 굳이 이순신을 거론하지 않는 분위기였음을 엿볼 수 있다.

진해 주둔 일본 해군, 충렬사를 참배

그러나 이보다 조금 앞선 시기에 진해에 주둔하는 일본 해군이 연중행사로 충렬사를 참배한 사실은, 일본이 한국을 식민지화한 이후 해군이 이순신에 대한 외경을 금지한 것이 아니라, 오히려 부대 차원에서 공인, 권장하고 있었음을 말해준다. 한국 시인 김소운(金素雲, 1907~1981년)은 발틱함대와의 전투를 앞두고 이순신 혼령에 빌었다는 글을 쓴 해군장교, 바로 가와다 이사오를 우연히 만나 일본 해군의 충렬사 참배에 대해 듣게 되었다. 그 전말은 다음과 같다.

김소운은 일제 강점기 소년 시절 일본으로 건너가 시인, 수필가, 번역문학가로 활동했고, 해방 후엔 한일 양국을 오가며 작품활동을 하는 한편, 일한사전을 편찬하기도 했다. 김소운은 1920년대 말경에서 1930년대 초, 도쿄에서 소좌로 전역한 후 잡지사 편집장으로 일하고 있는 가와다를 만난 일화를 다음과 같이 일본어 잡지에, 두 차례에 걸쳐 수필로 소개하고 있다.

… 일면식도 없는 모리시타 아메무라(森下雨村) 씨를 만나기 위해 도쿄 고이시카와(小石川)에 있는 [출판사] 하쿠분칸(博文館)에 갔다. 돌아

올 차비도 없는, 문자 그대로 배수진을 친 걸음이었다. 모리시타 씨는 흔쾌히 만나주었을 뿐 아니라, 가지고 간 원고를 〈아사히신문〉과 《소녀세계(少女世界)》에 실리도록 주선해주었다. 조선의 진해에서 해군 소좌[9]였던 가와다 이사오 씨가 이때 《소녀세계》의 편집을 맡고 있었다…

_____ 《문예춘추(文藝春秋)》, '은원 30년의 발걸음(恩怨三十年の歩み)', 1954년 9월호

1950년대 중반, 김소운은 가와다와의 만남을 일본의 대표적인 시사 월간지인 《문예춘추》에 이처럼 간단히 언급했다. 그로부터 23년이 지난 1970년대 후반, 한국정부 산하 단체가 해외홍보를 위해 발행하는 일본어 월간지에 그는 가와다와 만났을 때 나눈 이순신에 관한 이야기를 다음과 같이 자세히 소개하고 있다.

주간 모리시타 씨는 여러 잡지의 담당자를 불러 나에게 소개시켜주었다. 그중 한 사람인 《소녀세계》 편집장의 명함을 손에 든 순간, 나는 가슴이 덜컥 내려앉았다. '가와다 이사오'라는 이름이 거기에 적혀 있었다. 《고락(苦樂)》이라는 잡지에서 [가와다 이사오라는 사람이 쓴]

---

9 김소운은 이 이야기를 처음 쓴 《문예춘추》에서는 '해군소좌'라고 적고 있으나 그 후 《아시아 공론(アジア公論)》에 《문예춘추》에 쓴 자신의 기사 일부를 인용하면서는 '해군대위'라고 적고 있다. 가와다와 해군병학교 동기생들의 대위 및 소좌진급 시기를 감안할 때, 그는 대위시절 진해에 부임해 소좌로 전역할 때까지 근무한 것으로 보인다.

10 진해를 무대로 한 이 단편 소설에는 주인공인 젊은 일본인 장교(대위)가 조선인 인부를 군화발로 걷어차는 대목 등 조선인을 차별하는 내용이 있어 김소운은 충격을 받았으며, 소설의 작가인 가와다 이사오를 작중 주인공으로 생각해, 그에게 나쁜 감정을 품고 있었다고 수필에서 밝히고 있다.

소설[10]을 본 뒤로 몇 년이 지난 것일까 … 모리시타 씨 방 소파에 나란히 앉아 그 가와다 씨에게 물었다. "혹시, 당신은 진해에 계신 적은 없었습니까?", "예, 소좌로 퇴역할 때까지, 쭉 진해에 있었습니다." … 불구대천의 구적(仇敵)이라도 만난 것처럼 나는 긴장했다. 그런데 내 속사정을 알 리가 없는 상대는 정말 진해가 그립다는 얼굴을 하며, 천천히 이야기를 건넸다. "진해에서의 일을 지금도 가끔 생각하곤 해요. 매년 이순신 장군 제사 때는 통영까지 갔었답니다. 그건 사령부의 중요한 연중행사였으니까요." 갑자기 '이순신 장군'이 튀어나와 놀랐는데, 그 제사가 진해요새사령부[11]의 중요한 연중행사라고 들었을 때, 점점 의외라는 느낌이 들었다. 가와다 씨는 캐물기라도 하려는 듯 이어 말했다. "실례되는 말씀입니다만, 현재의 조선인은 이순신의 위대함을 알고나 있을까요?" 나는 숨이 막히는 듯하고, 대답할 말도 없어, 그저 물끄러미 가와다 씨의 얼굴을 쳐다봤다 … ― 구국의 성웅으로 추앙받는 이순신 장군을, 이렇게까지 존경하고 숭상하는 사람 ― 이 사람이 나의 구적일 리는 없다. 그것도 '수군으로서는 싸움이 불리하다'고 일본의 번사(藩史)에도 본심을 드러내고 있는, 그 무서웠던 적장

---

11 일본 해군은 러일전쟁 중 러시아와의 결전에 대비키 위해, 1904년 2월 대한제국에 강요, 체결한 한일의정서 제4조에 따라 전략적 요충인 진해만에 '해군 가근거지(假根據地)'를 두기로 하고, 거제도 송진포 일대를 강제로 수용하다시피 해 진해만방비대를 설치했다. 한국강제합병(1910년) 이후 일본은 진해에 군항을 건설키로 하고, 1916년에는 일본 본토 및 중국, 대만의 중요 항구 9개 도시와 함께 진해에 요항부를 설치했다. 진해요항부는 1941년 경비부로 승격해 일본패전 때까지 존속했다. 진해요항부가 설치된 초기에는 본부 등에 사령관 이하 수백 명의 병력이 주둔했다. 이 시기 진해에는 해군의 진해요항부를 방위하기 위한 육군의 진해만요새사령부도 마산에서 이전(1914년)해 있었다. 부산 출생으로 유년기에 진해에서 살았다는 김소운은 진해에 주둔하고 있던 해군부대의 명칭을 '진해요항부'가 아닌, 육군의 '진해요새(要塞)사령부'로 기술하고 있다.

에 대해 '중요한 행사'로 매년 제사를 지냈다고 한다. 나는 거기에서 일본 무사도의 진면목을 본다는 생각이 들었다. '좋은 적수여. 어서 덤벼라(よき敵ごさんなれ)'라고도 하고, '적이지만 장하다(敵ながらあっぱれ)' — 내가 좋아하는 일본어다. 가와다 이사오 씨는 《군함이야기(軍艦ものがたり)》의 저자기도 하고, 문필에 능했기 때문에 퇴역 후 하쿠분칸에 들어갔다고 생각되지만, 해방 직후[1945년]인 9월 5일 부산에서의 강연회에서 나는 충무공(이순신 장군의 시호)에 대해 이야기하면서, 가와다 이사오 씨 이야기를 했다. 지금은 현충사와 같은 훌륭한 사당도 만들어져, 거국적으로 충무공을 호국의 성장(聖將)으로 숭상하고 있지만, 아마도 해방 후에 충무공의 위업을 찬양한 것은 나의 강연이 최초가 아니었던가 생각한다.

———— 《아시아공론(アジア公論)》, 1977년 10월호

한편, 가와다는 이때 "넬슨 10명을 모아도, 이순신 한 명에 미치지 못할 것이다"(《아시아공론》, 1976년 7월호)라고도 말했다고, 김소운은 회상하고 있다. 전술했듯이 일본에선 1890년대 초반에 이미 이순신과 넬슨을 비교하는 이순신 관련 저술이 등장하고 있었다.

김소운, 충렬사 참배 처음 언급

일제강점기에 진해에 주둔하고 있던 일본 해군의 충렬사 참배[12]는 김소운의 이 언급이 처음이다. 가와다의 소설에 진해에 근무하는

(다분히 가와다의 경험담으로 보이는) 대위 이야기가 있고, 진해요항부가 1916년에 설치된 점, 그가 1924년 소좌로 전역할 때까지 진해에서 근무했다고 말한 점 등을 종합할 때, 가와다는 1910년대 중반부터 1924년까지 진해에서 근무한 것으로 추정된다. 가와다가 진해에서 근무한 기간을 중심으로 진해 주둔 일본 해군이 몇 년부터 몇 년까지 충렬사를 참배했는지, 부대의 관련 기록과 사진 등이 남아 있는지, 관련 신문보도가 있었는지 등을 백방으로 찾아봤지만 자료를 구할 수 없었다.

진해 근무 때 충렬사를 참배했다는 가와다의 말을 소개한 김소운의 글만으로, 일본 해군의 충렬사 참배를 사실로 인정할 수 있느냐는 의문이 있을 수 있다.

그러나 가와다와 김소운이 만난 상황과 두 사람 간 대화의 문맥으로 보아, 충렬사 참배는 사실로 봐도 무리는 아닐 것이다. 해군소좌라는 군의 중견 간부까지 지내고 잡지사 편집장으로 재직 중인 사람이, 더욱이 한국이 일본의 식민지였던 시절에 있었다는 이순신 사당 참배를 지어내지는 않았을 것이다. 그리고 김소운이 이 이야기를 일본 잡지에 처음 소개했을 당시(1954년)만 해도, 진해에서 근무했던 일본 해군 장병들이 일본에 많이 생존해 있을 시기이고, 또《문예춘추》

---

12 충렬사가 건립된 이래 매년 봄과 가을 두 차례에 걸쳐 충무공 영령에 제향을 올렸으나(충렬사 안내문) 일제 강점기 동안에는 '왜경이 장군의 위패를 칼로 부수고, 삼문(三門, 정당의 출입문으로 사당 가장 안쪽에 있는 문)의 태극문양에 덧칠하여 일장기로 바꾸고, 또 제사를 올리지 못하도록 정당에 못질하는 수난을 겪기도 했다'(충렬사 내 정당 안내문)고 한다. 따라서 일본경찰이 충렬사에서 제사를 올리지 못하도록 행패를 부리던 시기에는, 진해 주둔 일본 해군의 참배는 중단된 것으로 추정된다.

는 일본의 가장 유명한 월간지였던 만큼 만약 충렬사 참배가 사실이 아니었더라면, 이 수필을 읽은 과거 진해 주둔 해군장병들에 의해 문제가 제기되었을 것이다. 그런데 김소운은 20여 년 후 다시 이 이야기를 다른 잡지에 더 자세히 쓰고 있는 만큼, 그런 문제는 없었던 것으로 해석된다.

일본 해군 충렬사 참배에 대한 김소운의 언급이 잡지에 실리고, 그의 다른 글들과 함께 단행본(《가깝고도 먼 나라에서(近かく遙かな國から)》, 1979년)으로 묶여져 나온 이후 일본에서 나온 이순신 관련 책에는 이 부분이 곧잘 언급되면서, '그럴듯한' 내용이 추가되고 있다. 몇 가지 사례를 살펴보자.

> "진해에 일본 해군 요새사령부가 있었던 때, 사령부가 중요하게 여겼던 연중행사의 하나에 이순신 진혼제가 있었다. 사령부 장병은 그때, 통영에 가서 제사를 지내고 있다 … 이순신에 대한 경앙(敬仰[공경하여 우러러봄])이 예산서의 한 항목으로 계상되다니, 당시 해군성의 조치도, 정취가 있는 것이 아닌가."
>
> ——— 후지이 노부오, 《이순신각서》, 1982년

> "[진해만에 잠복해 발틱함대를 기다리던] 일본 해군의 장관(將官[장성])들은 한가한 때에는 그 이순신의 사당과 전적지를 둘러보았다 … 그 후 장관들의 이순신 사당 참배는 진해해군기지의 연중행사가 되었다."
>
> ——— 가타노 쓰기오(片野次雄), 《이조멸망(李朝滅亡)》, 1990년

"이순신의 진혼제가 있었다. 해군성은 예산서의 한 항목에 경비를 계상하여, 사령부의 장병은 당일, 통영까지 가서 제사를 봉행했다."

_____ **가사야 기즈히코(立谷和比古), 구로다 게이이치(黑田慶一),**
《수길의 야망과 오산(秀吉の野望と誤算)》[13], 2000년

김소운이 언급한 가와다의 대화 내용에는 없었던, 해군성 예산 항목 등의 내용이 등장하고 있다. 그러나 유감스럽게도 이들 글에는, 그 같은 사실을 뒷받침해주는 전거(典據)가 없다.

한편, 시바 료타로가 김소운이 잡지에 쓴 진해 주둔 일본 해군의 충렬사 참배 이야기를 읽었는지 여부는 알 수 없으나 그의 이순신 관련 저술, 강연 등에서는 이와 관련한 언급은 없다.

---

13 두 사람의 공저로 되어 있는 이 책 가운데 이순신 진혼제 관련 부분은 구로다 게이이치의 집필로 되어 있다.

2   '이통제'에서 이순신으로

'이통제'로만 알고 있던 일본인

일본인들은 이순신을 어떻게 알게 되었는가를 알아보자.

이순신의 진중일기인《난중일기(亂中日記)》에는 도요토미 히데요시를 비롯해, 가토 기요마사(加藤淸正), 고니시 유키나가(小西行長) 등 조선을 침략한 일본군 장수들의 이름이 빈번히 등장하고 있어 이순신이 임진왜란 중 그들의 이름을 익히 알고 있었음을 말해준다. 임진왜란 7년(1592~1598년) 동안에 해당하는 선조 25~31년의《선조실록》에도 이들을 비롯한 일본군 장수들의 이름이 자주 등장한다.

그러나 일본 측은 이순신의 이름을 제대로 알지 못했다. 일본에선 전쟁이 끝난 뒤 해전에서 연전연승을 거두어 남해안의 제해권을 장악한, 조선 수군을 이끈 뛰어난 장수인 '이 씨 성을 가진 수군통제사'라는 의미의, '이통제(李統制)'로만 알려져 있었다. 임진왜란 직후

도요토미 히데요시(오른쪽 페이지 맨 왼쪽)가 고니시 유키나가(히데요시 오른쪽
방향으로), 이시다 미쓰나리, 가토 기요마사 등 휘하의 다미묘(大名)들과 함께 있는 모습을
그린 장면.(《에혼다이코기(繪本太閤記)》, 오카다 료사쿠(岡田良策) 편, 1886년)

일본에서 왜 이순신의 이름조차도 몰랐는지는, 일본의 국내사정과 연관이 있다.

임진왜란을 일으킨 히데요시가 전쟁 중에 병사(1598년 8월)한 이후 일본에선 히데요시의 측근들 간에 격렬한 권력투쟁이 일어나 도쿠가와 이에야스(德川家康)가 주도하는 동군이 1600년 세카가하라(關ヶ原) 전투에서 서군을 물리치고 권력을 장악했다. 이에야스는 현재의 도쿄인 에도(江戶)로 본거지를 옮겨 1603년 도쿠가와 막부를 열었다. 이에야스는 이후에도 두 차례의 오사카 전투(大阪冬夏の陣, 1614~1615년)와 천주교를 믿는 농민들이 중심이 되어 일으킨 대규모 반란인 시마바라의 난(島原の亂, 1637~1638년)에서 살아남은 세력을 섬멸해버린다.

이 와중에 서군에 속한, 임진왜란에 참전했던 고니시 유키나가를 비롯해 이시다 미쓰나리(石田三成) 등 상당수가 죽었다. 도쿠가와 막부는 히데요시나 임진왜란과는 관계가 없음을 강조하며 조선과의 관계정상화를 서둘러 전쟁이 끝난 뒤 10년째인 1607년 양국관계는 복원되었다. 도쿠가와 막부는 임진왜란에 관한 일체의 공식기록을 작성하지 않았고, 기독교 관련 서적과 함께 히데요시나 임진왜란을 다룬 서적의 발간도 엄격히 통제했다. 따라서 일본에서는 7년간이란 장기간에 걸쳐 수십만 명의 대군이 참전해 전쟁을 벌였으나 임진왜란에 대한 종합적인 정리, 기록이 전혀 이루어지지 않은 상태가 지속된 것이다. 게다가 임진왜란에 참전했던 장수들 가운데 상당수가 종전 후 내전에서 사망해 관련 기록이 상대적으로 적었다.

조선에서는 정사인 《조선왕조실록》과 임진왜란 7년 동안 전

임진왜란 중 영의정, 도체찰사 등을 지낸 조선의 최고위 관리였던 류성룡(맨 오른쪽)이
명나라 장수들에게 향응을 베풀고 있는 장면.(《에혼다이코기》하권, 오카다 교쿠잔 글 및
그림, 1886년)

시재상(戰時宰相)으로 국정을 수행했던 서애(西厓) 류성룡(柳成龍, 1542~1607년)의 회고록《징비록(懲毖錄)》, 명에서는《명사(明史)》,《신종실록》등을 통해 임진왜란에 대한 국가차원의 정리가 어느 정도 이루어졌다. 그러나 일본에서는 도쿠가와 막부 출범 후 임진왜란을 다루는 것이 금기시된 가운데 참전 무사들의 견문록(聞書), 비망록(覺書), 무훈담, 보고서, 일기 등이 출판이 아닌, 사본의 형태로만 기록되었다.

이처럼 막부가 임진왜란을 전체적으로 정리하는 작업을 하지 않는 가운데 참전자 등에 관한 단편적인 기록이 만들어졌다. 이를 총칭하여 '조선군기물(朝鮮軍記物)'이라고 부른다.

조선군기물 가운데 히데요시의 일대기를 총칭하는 의미의《다이코기물(太閤¹記物)》은 나름대로 임진왜란 7년을 정리하고 있다.

대표적인 작품은 오제 호안(小瀨甫庵, 1564~1640년)의《다이코기(太閤記)》(1626년 발문)이다. 임진왜란 관련 초기 기록물에는 이순신의 활약상은커녕 이름조차 나오지 않는데 이《다이코기》에도 이순신의 이름은 보이지 않는다.

이어 히데요시의 일대기가 아닌 임진왜란만을 다룬 조선정벌기물(朝鮮征伐記物)이 등장한다. 호리 교안(堀杏庵, 1585~1643년)의《조선정벌기》(1643년)가 첫 작품이다. 이 책은 일본 측 자료 이외에 17세기

---

1 히데요시는 일본 천하를 통일해 가는 과정에서 천황 대신 정치를 하는 관직인 '간파쿠(關白, 1585년)', 태정관의 장관으로 최고위직인 '태정대신(太政大臣, 1586년)'에 각각 취임했다. '다이코(太閤)'는 중세시대에는 섭정이나 간파쿠를 자제에게 물려준 사람을 말하는데, 히데요시가 조카에게 간파쿠 자리를 물려준 (1591년) 후에는 히데요시를 의미한다. 그의 성을 따 '호다이코(豊太閤)'로도 불린다.

초 일본에 유입된, 명나라의 제갈원성(諸葛元聲)이 중국의 입장에서 쓴 임진왜란 통사인《양조평양록》(1606년 서문)을 참고해서 저술되었다. 그러나 전쟁의 주무대였던 조선 측의 시각은 빠져 있고, 서술에는 무리와 상상이 뒤따른다는 지적이다.

《양조평양록》에는 '삼도수군통제사 이순신(李舜臣)'의 직책 및 이름의 한자를 '이도수군통제사 이순신(李順臣)'으로 잘못 적거나 '조선 이통제'라고 적고 있는데, 이 책의 영향을 받은《조선정벌기》에는 '이순신(李順臣)' 또는 '이통제'로 나온다. 당시 조선 수군 장수 가운데 '이순신(李順臣)'이란 인물은 없었고, 이순신의 휘하에 방답첨사 '이순신(李純臣)'이 있었다.

어쨌든 임진왜란이 끝나고 8년 후에《양조평양록》을 쓴 명나라의 제갈원성도, 40여 년 후에《조선정벌기》를 쓴 일본의 호리 교안도 이순신의 정확한 이름을 모르고 있었던 것이다.

임란 100년 후,《징비록》통해 알려진 이순신

일본인들은 류성룡이 지은《징비록》이 일본으로 유출돼 교토에서 일본판《징비록》인《조선징비록(朝鮮懲毖錄)》으로 출간되면서부터, 즉 임진왜란이 끝난 뒤 약 100년 후인 1695년에 이순신이란 이름을 처음 정확히 알게 되었다.

당시 일본의 저명한 유학자 가이바라 엣켄(貝原益軒, 1630~1714년)은《조선징비록》서문에서《징비록》이야말로 문장이 '간결하고 질박하니', '실록이라 할 만하다'며 다음과 같이 칭송하고 있다.

> … 도요토미 히데요시는 전쟁을 좋아했다고 할 수 있으니, 이는 천도 (天道)가 미워하는 것이다. 그의 집안이 망한 것은 이 때문이다. 한편 한인(韓人)은 위태롭고 약해서 일본군에 순식간에 패하여 무너졌으니 이는 원래 군대를 기르지 않았고 수비하는 법을 그르쳤기 때문이다 … 이것이 '전쟁을 잊는다'라는 것이다. 조선국의 세력이 위험해져 거의 망할 뻔한 것은 이 때문이다. 재상 류성룡이 징비록을 지은 것은 지당하도다 … 이 책은 기사가 간결하고 말이 질박하니, 과장이 많고 화려함을 다투는 다른 책들과는 다르다. 조선 정벌을 말하는 자는 이 책을 근간으로 삼는 것이 좋겠다. 그 밖에 《조선정벌기》와 같은 책은 비록 한자가 아닌 일본 글자로 쓰였지만 이 역시 방증으로 삼기에 족하다. 오로지 이 두 책만이 실록이라 할 만하다.

일본은 《징비록》을 통해 이순신의 활약상을 비롯해 임진왜란에 대한 전체상을 비로소 알게 되었다. 1705년에 동시 간행된 《조선군기대전(朝鮮軍記大全)》과 《조선태평기(朝鮮太平記)》에는 《조선징비록》의 영향을 받아 이순신에 대한 호칭을 '조선 이통제(李統制)'에서 '조선 통제 이순신(朝鮮統制李舜臣)'으로 바꾸고 이순신에 대해, 예를 들면 '류성룡이 영웅을 천거하다'(《조선군기대전》)라는 식의 소제목을 붙이는 등 영웅으로 묘사하고 있다. 이순신을 영웅화한 이 두 작품은 일본 대중들에게 큰 인기를 끌었고, 이후 간행된 조선군기물들도 이 두 작품의 영향을 받아 점차 이순신을 조선 수군의 영웅으로 묘사한다.

이에 따라 일본인들의 뇌리에 이순신은 서서히 영웅으로 각인되어 갔고, 일본에서《조선징비록》이 식자층을 중심으로 널리 읽히면서 일본인들의 류성룡에 대한 관심도 높아갔다. 류성룡이 등장하는 가부키(歌舞伎, 일본의 전통 연극)가 있는가 하면, 1801년에 간행된, 삽화를 곁들인 대하 역사소설로 특히 서민들에게 인기가 있었던《에혼다이코기》에도《징비록》에 나오는 임진왜란의 참상과 류성룡이 백성들을 구휼(救恤)하는 모습 등이 그려져 있다.

《조선징비록》은 19세기 말 일본에 체류한 중국학자 양수경(楊守敬, 1839~1915년)에 의해 청나라에도 소개되어 오늘날에 이르기까지 임진왜란과 류성룡에 대한 중국인의 관점에 영향을 미치고 있다고 한다(김시덕,《교감·해설 징비록》, 2013년). 류성룡의《징비록》이 일본에 전해짐에 따라 조선 측에서 본 임진왜란 및 이순신의 실상이 일본과 중국에도 알려지게 된 셈이다.

앞의 잘못을 징계하여 후의 환란을 조심하라

그렇다면《징비록》은 어떤 책인가? 류성룡은 이 책에서 조선이 그야말로 국가존망의 기로에 섰던 임진왜란 7년 동안 병조판서, 영의정 겸 도체찰사(都體察使, 조선시대에 의정(議政)이 맡은 전시의 최고군직, 국가비상 시 왕명에 따라 1개 도 또는 몇 개 도의 군정과 민정을 총괄) 등의 중책을 맡았던 최고위 관료로서 자신이 직접 겪은 임진왜란을 생생하게 기록하는 한편, 전쟁의 발생원인, 배경 등을 나름대로 분석하

고 있다. 류성룡은 자신이 《징비록》을 집필한 이유를 서문에서 다음과 같이 밝히고 있다

《징비록》이란 무엇인가? 난리가 일어난 뒤의 일을 기록한 것이다. 그 중에는 난리 전의 일도 가끔 기록하여 난리가 시작된 근본을 밝히려 하였다 … 시경에 "내가 앞의 잘못을 징계하여 후의 환란을 조심한 다"라고 하였으니, 이것이 《징비록》을 지은 이유이다.

류성룡은 임진왜란이 끝난 직후 다른 당파의 정적(북인)들로부터 '주화오국(主和誤國)', 즉 일본과의 강화를 주장해 나라를 그르치게 한 죄목으로 탄핵받아 1598년 말 관직을 삭탈당하고 낙향(안동 하회마을)했다. 그는 고향에 은거하면서 4~5년간에 걸쳐 《징비록》 초본(현존하지 않음)을 썼고, 이어 1604년경 현존 초본(국보 132호)을 완성했다.

이후 《징비록》은 조선 식자층 사이에서 널리 읽혔고, 조일 양국이 국교를 회복(1607년)한 뒤 조선통신사가 도쿠가와 막부의 새로운 쇼군의 취임을 축하하는 사절로 일본을 방문할 때 수행한 역관들에 의해 일본으로 유출되었다. 1719년(숙종 45년) 제6회 조선통신사가 일본에 파견됐을 때 제술관으로 다녀온 신유한(申維翰)은 기행문 《해유록(海遊錄)》에서 조선의 역관들이 국가기밀이 담긴 《징비록》 등을 밀무역으로 일본에 넘겨 그곳에서 출판까지 되었다고 개탄하고 있다.

[일본이] 우리나라와 관시(關市)를 연 이후로 역관들과 긴밀하게 맺어

19세기 말에 출간된 《에혼조선정벌기 상, 야마모토 쓰네지로 편, 1887년》에 그려져 있는,
임진왜란 전 이순신이 여진족과의 전투에서 백마를 타고 활을 쏘는 모습. 임진왜란과
관련한 다른 일본서적의 이순신 그림에 비해 준수한 용모로 그려져 있는 것이 특징이다.

서 모든 책을 널리 구하고 또 통신사의 왕래로 인하여 문학의 길이 점점 넓어졌으니, 이는 시를 주고받고 문답하는 사이에서 얻은 것이 점차로 넓어진 때문이었다. 가장 통탄스러운 것은 김성일(金誠一)의《해사록(海槎錄)》, 류성룡의《징비록》, 강항(姜沆)의《간양록(看羊錄)》등의 책에는 [조선과 일본] 두 나라 사이의 비밀을 기록한 것이 많은데, 지금 모두 오사카에서 출판되었으니, 이것은 적을 정탐한 것을 적에게 고한 것과 무엇이 다르겠는가. 국가의 기강이 엄하지 못하여 역관들의 밀무역이 이와 같았으니 한심한 일이다.

신유한이 개탄한 대로 당시 조선 역관들이 재물을 탐해《징비록》을 일본 측에 넘긴 것은 국가기밀 유출이란 부정적인 측면도 있다. 그러나 넓은 의미에서 보면, 임진왜란을 제대로 모르고 있던 일본인들이 극악무도한 침략전쟁이었던 임진왜란의 실상을 제대로 알게 하는 데 결정적인 역할을 하는 긍정적인 측면도 있다. 또한 전술했지만《징비록》을 통해 '이통제'로만 알려져 있던 이순신의 실명과 활약상을 일본인들이 알게 되어, 이후 일본에 이순신이 널리 알려지는 계기를 제공하기도 했다.

현대에 와서《징비록》은 임진왜란을 가장 포괄적으로 그린 역사적인 문헌이란 평가를 받는다. 임진왜란과 관련한 국내의 가장 권위 있는 문헌학자는 다음과 같이《징비록》을 평가한다.

류성룡이라는 조선의 고위관료가 임진왜란이라는 국제전쟁의 전체틀을 제시하고 이를 자신의 관점에서 솔직하게 적었다는 데 가장 큰 의미가 있다 …《징비록》은 전근대 동아시아 한중일 삼국에서 집필된 여러 문헌 가운데 임진왜란이라는 7년전쟁의 전체상을 당시 조선과 명 조정의 기밀 정보까지 포함해서 가장 포괄적으로 그리고, 치밀한 구조와 생생한 문장으로 전했기 때문에 삼국에서 가장 널린 읽힌 조선의 책이 되었다.

———— 김시덕,《교감 · 해설 징비록》

임란의 실상과 이순신의 활약상 알린《징비록》

또한 류성룡은《징비록》에서 상당 부분을 할애해 임진왜란에서의 이순신의 활약상 등을 그리면서 이순신을 천거한 자신의 역할도 부각시키고 있다. 오늘날의 일반적인 한국인이 교과서나 책, 영화, 드라마 등을 통해 알고 있는 이순신에 대한 지식은 대부분 임진왜란 중 이순신이 쓴 진중일기《난중일기》나 이순신이 전쟁 중 임금에게 올린 보고서인 장계 등이 아닌《징비록》에 있는 이순신 관련 서술을 통해서 얻어진 것이라 해도 과언이 아니다.

류성룡은 종 6품의 한직(정읍현감)에 있던 이순신을 일곱 단계 높은 정3품의 전라좌수사로 발탁함으로써, 결과적으로 망하기 일보 직전의 조선을 건지게 했다. 그리고 류성룡은 이순신이 죽고 난 뒤에는《징비록》에서 이순신의 어린 시절부터 최후의 순간까지 충실히 기록함으로써, 훗날 이순신이 '구국의 영웅', '세계적인 명장'으로 평가받는 데 결정적인 역할을 한 셈이다. 그래서 두 사람의 만남은 '우리 역사상에서 가장 위대한 만남'이라고도 평가되고 있다.

임진왜란은 바다에서는 '이순신의 전쟁'이었고 육지에서는 '류성룡의 전쟁'이었다 … 만일 이 두 사람이 만나지 않았다면 우리 역사는 어떻게 되었을까. 아마도 '한민족의 우리'가 아닌 '중국화된 우리' 혹은 '일본화된 우리'로 존재하지 않을까. 한국말이 아닌 중국말 혹은 일본말을 쓰며 살아가고 있지 않을까. 조선을 보전케 한 이순신의 수군, 왜를 진압해서 명실공히 최고의 수군으로 우뚝 서게 한 이순신, 그 이순신을 역사의 이순신으로 만든 사람은 류성룡이었다 … 두 사람의 만남이야말로 조선으로서는 행운이었다. 율곡의 말대로 조선이 비록 나라가 아니었어도 인물은 있었다. 인물이 있어 인물을 알아보았기에 사직은 이민족이 아닌 제 민족으로 유지될 수 있었다.

_____ **송복, 《서애 유성룡 위대한 만남》, 2007년**

3 메이지 해군, 이순신을 연구하다

최초로 이순신 전기 간행한 일본 측량기사

앞서 인용한 일본의 국민작가 시바 료타로가 메이지 해군이 이
순신을 '발견'하고, '연구'했다고 말한 대목을 간단히 검증해보기로
하자. 결론부터 말하자면 그들이 이순신을 나름대로 '연구'한 것은 사
실이라고 할 수 있지만, '발견'했다고 말하는 것은 무리다.

왜냐하면 조선에서도 임진왜란이 끝난 뒤 약 200년이 경과한 정
조 대에는 왕명에 의해 《이충무공전서(李忠武公全書)》가 간행(1795년)
되는 등, 그 기간 동안 이순신은 계속 기억되고, 찬양되어 왔기 때문
이다. 다만 독립운동가이자 사학자인 박은식(朴殷植, 1859~1925년)이
일제강점기에 저술한 《이순신전》(1915년)에서 "우리가 이순신 정신
을 계승하지 못해 일본에 나라가 망했다"고 한탄할 만큼, 19세기 초반
이후 한말에 이르기까지 이순신에 대한 관심이 식은 것은 사실이다.

정조 대에 이순신에 관해 총정리한《이충무공전서》가 간행된 영향 탓인지, 순조 대의《순조중흥지(純祖中興志)》(1832년) 등에 이순신에 대한 언급은 있지만 그 이후 1908년 독립운동가이자 사학자인 신채호(申采浩, 1880~1936년)의《수군 제일위인 이순신(水軍 第一偉人 李舜臣)》이 간행되기까지 한국인이 쓴 이순신에 관한 저술은 없다. 그러나 박은식은 "무릇 이순신은 임진란의 으뜸 공훈자로서 부녀자나 어린아이도 모두 알고 제사를 지내고 있다. 기념을 금석같이 드리며 서로 우러러 쳐다봄이 명백한데, 어찌하여 이를 잊어버렸다고 하는가?"《이순신전》라고 반문하고 있어, 한말 보통의 한국인들도 이순신의 공훈을 익히 알고, 존경하고 있었음을 강조한다.

메이지유신(1868년) 이후 러일전쟁 이전 30여 년 동안, 일본에서는 이순신과 관련한 책자 두 권이 새로이 발간되었다. 일본인이 쓴 사상 첫 이순신 전기류인《조선 이순신전》과 해군장교들을 교육시키는 해군대학교[1]에 개설된 전사(戰史)과목에서 일본 수군 및 해군의 역사를 다룬 교재인《일본제국해상권력사강의(日本帝國海上權力史講義)》가 그것이다. 이 책은 히데요시의 조선침략을 다룬 항목에서 이순신을 소개, 분석하고 있다.

두 책 모두 이순신을 본격적으로 연구한 전기라고 할 수준은 아니지만 일본인의 시각에 의한, 이순신 연구서라는 점에서 의미를 지닌다. 이를 두고 시바 료타로가 러일전쟁 이전에 메이지 해군이 이순

---

[1] 일본 해군대학교는 위,영관급 해군장교들에게 '고등병술을 교수'시키기 위해 1888년 도쿄 쓰키지에 설립된 뒤, 1932년 도쿄 메구로(目黑)로 이전돼 1945년 8월 일본 패전 때까지 존속되었다.

신을 처음 '발견'한 것처럼 주장하는 것은 지나친 아전인수가 아닌가 싶다.

어쨌든 러일전쟁 전에 일본 해군장교들이 읽을 수 있었던 이순신 관련 책은 앞서 말한 두 책과 함께 1659년에 출간된 일본판《징비록》인《조선징비록》, 그후《징비록》의 내용을 일부 포함시킨 소설류인 조선군기물 등이 있다. 특히 삽화가 포함된《에혼조선정벌기》등은 이순신의 활약이 비교적 충실하게 기술돼 있고, 1880년대에 여러 종이 발간되고 있어, 일반인들도 쉽게 구해볼 수 있었다. 따라서 메이지 해군을 포함해 당시 보통의 일본인들은 이런 책들을 통해 이순신에 대해 알고 있었을 것이다. 이때까지 일본에서 발행된 모든 책자에 담긴 이순신에 관한 정보는 류성룡의《징비록》을 통해 얻은 것이라고 해도 과언이 아니다.

《징비록》참고해《조선 이순신전》기술

1892년, 세키 고세이(惜香生)가 쓴, 이순신을 다룬 첫 전기물인《조선 이순신전》의 정식이름은《문록정한수사시말조선이순신전(文錄征韓水師始末朝鮮李舜臣傳)》이다.[2] 이 책은 제대로 된 책이라기보다는 총 52쪽 분량의 소책자이다.

---

2 이 책의 부제로 붙어 있는 '문록정한수사시말조선'의 '문록'은 임진왜란이 일어난 해인 1592년 당시 일본천황의 연호이며, '정한'은 한국 정벌, '수사'는 수군, '시말'은 전말, 자초지종이란 의미다. 따라서 책이름은《임진년 한국정벌 수군전말 조선 이순신전》이란 뜻이다.

발틱함대와의 전투(1905년 5월)에 출전하기 전 이순신 혼령에 빌었다는 글을 쓴 가와다 소위는 1900년 12월 해군병학교에 입교, 1903년 12월에 졸업해 소위간부후보생에 임명됐다. 따라서 가와다 소위의 연배를 비롯해 그보다 선배 장교들의 해군병학교 재학 시절은 세키 고세이의《조선 이순신전》이 발간(1892년)된 지 10년 정도 경과한 시점이었기 때문에, 이들은 이 책을 접할 기회가 있었을 것이다.

《조선 이순신전》의 저자는 시바야마 히사노리(柴山尙則)라는 육군 보병대위로 되어 있다. 그러나 시바야마는 이 책 서문에서 "우인 세키 고세이가 자저(自著)《이순신전》을 [일본에 있는 자신에게] 보내와 읽어본 것"이라고 밝히고 있어 실제 저자는 세키 고세이다.

세키의 경력은 스스로 이 책에서 밝혔듯 "지난 [1891년] 7월 당국의 지시에 따라 조선 삼남 연해 지방의 지리조사를 갔을 때 이 바다가 풍공(豊公)[도요토미 히데요시]의 정한(征韓)[임진왜란] 때, 우리 일본 수군이 조선 수군과 승부를 다투고 피를 흘렸던 곳임을 알게 되었다…"는, 즉 측량기사란 사실 이외에 다른 기록은 찾을 수 없었다. 어쨌든 정확한 이유는 알 수 없으나 이 책은 실제 저자인 측량기사가 아닌 육군대위의 이름으로, 육군장교의 친목모임인 가이고샤(偕行社)란 단체에서 발행하는 잡지의 부록으로 출간되었다.[3] 청일전쟁이 일

---

3 이순신과 조선 수군에 관한 세키 고세이의 이 책이 당시 일본 해군 주임관(奏任官) 이상 무관, 문관의 친목단체인 수이코샤(水交社, 1876년 창립)가 아닌, 육군장교의 단결강화, 친목증진을 위한 가이고샤(偕行社, 1877년창립)에서 출간된 것은 세키 고세이와 친분이 있는 육군대위 시바사키를 저자로 했기 때문인 것으로 추정된다. 이 책은 출간된 이후 일본의 민간단체 등이 발행하는 잡지에도《조선이순신전》(학습원보인회잡지(學習院輔仁會雜誌), 1893년 12월~1894년 1월),《조선고준걸이순신전(朝鮮古俊傑李舜臣傳)》(동방협회보고 제38(東邦協會報告第三十八), 1894년 7월) 등의 이름으로 전문이 소개되었다.

어나기 2년 전이다. 세키는 이 책 권말에 첨부한 시비사키 대위에게 보낸 서간문에서 집필 동기를 다음과 같이 밝히고 있다.

> 어차피 늦어도 금년 안에는 우리 제국도 세계의 경쟁장에 발을 들여 놓아야 하기 때문에, 무엇보다도 외부의 관계를 고려하여 입국의 방침을 정해 두어야 한다고 생각합니다. 또 그렇게 하려면 우리 해군부터 진흥시킬 필요가 있다고 생각합니다 … 현재 우리나라 해군은 이와 같은 큰 목적을 달성하겠다는 각오가 되어 있지 않기 때문에 아직도 노력이 부족하여 항상 이 점을 심히 개탄하고 있습니다 … 앞으로는 제국 해군이 또 다시 임진, 정유 두 전쟁을 되풀이해서는 결코 안 될 것입니다 … 소생은 우리 해군의 장래가 대단히 염려되며, 그래서 임진년 해군의 실패를 개탄하고, 이를 두고 우리 해군을 더욱 원망하고 있습니다.
>
> _____《조선 이순신전》, 박형균 역, 통영사연구회 제5집, 2012년

세키는 《징비록》과 《환영수로지(寰瀛水路誌)》 두 책을 주로 하고, 《일본외교사(日本外交史)》, 《국조보감(國朝寶鑑)》, 《연려술(燃藜述)》, 《조야회통(朝野會通)》, 《조선지지(朝鮮地誌)》 등을 참고로 하여 《조선 이순신전》을 집필했다고 밝히고 있다. 《일본외교사》, 《환영수로지》 이외에는 한문으로 된 조선 측 자료다.

세키 스스로도 조선에는 관련 사적(史籍)이 없어 앞의 두세 권을 참고로 했을 뿐이므로, "기록상의 오류 등이 있을 수 있다"고 밝히고 있다. 따라서 세키는 이 책의 한산도, 거제도, 진도, 고금도 등 조선 남

해안의 섬 및 실비아 내만(Sylvia basin, 진해만), 해밀턴 항(Port Hamilton, 거문도) 등 항만에 관한 부분은 자신의 현지조사와 지리서 등을 참고로 기술하고, 그 외에 이순신에 관해서는 거의《징비록》에 의존한 것으로 보인다.

일본 수군의 패배에 대한 정확한 분석

이 책은 저자가 학자도, 군사전문가도 아니지만 전술했듯이 일본에서 출간된 사상 첫 이순신 전기라는 기념비적 의미를 지닌다.

이 책이 출간된 1892년은 메이지유신 25년째가 되는 시점으로, 조선에 대한 지배권을 노리고 있던 당시 일본 정부는 물론 일반 국민들도 중국, 러시아 등과의 일전이 불가피하다고 인식하고 있던 때다.

이 같은 분위기 속에 세키 고세이는 이 책에서 히데요시의 조선 침략이 실패로 끝난 것은 '정말로 우리 수군이 너무나 무능했던 것이 그 중요한 패인'[4]이라고 나름대로 결론짓고, 앞으로 일본이 세계열강과의 전투에 대비하려면 '해군부터 진흥시킬 필요가 있다', 즉 해군력을 강화하지 않으면 안된다고 강조하고 있다. 이 책 발간 후에 나온

---

4 세키 고세이는 일본 수군의 단점을 구체적으로 첫째, 일본 수군 장수들의 재략이나 담력, 지혜가 서로 엇비슷해 각기 저마다 공을 다투었고 둘째, 일본 수군의 전선은 작고 취약해서 쉽게 부서져 격침되었으며 셋째, 일본 수군의 해전술은 오로지 단병접전만을 일삼고 거포를 준비하지 못하였고 넷째, 수군의 병원(兵員)이 부족하여 한번 패하면 원기를 쉽게 회복할 수 없었다는 점 등을 들었다. 이 네 가지 가운데 하나의 단점만 있어도 교전 시 결정적으로 불리한 결과를 초래하는데 하물며 네 가지 모두를 갖추었으니 이미 전쟁을 해보지 않고도 일본 수군이 패한다는 것은 기정사실이었다고, 결론지었다.

해군대학교 교관들의 이순신 관련 저술에서도 조선에는 이순신이란 뛰어난 장군이 있었으나 일본 수군이 무능하여 패배했으므로, 향후 일본의 해군력 강화가 필요하다는 등과 같이 밝히고 있어 이 책의 주요내용과 논지가 대체로 비슷하다.

전문가가 아닌, 한국 남해안으로 파견 나가 측량작업을 하고 있던 일개 측량기사가 이 해안에서 옛 일본 수군을 물리쳤던 적장을 나름대로 연구해 소개하는, 일본 사상 최초의 이순신 전기를 저술한 것이다. 측량기사인 세키가 이 책을 저술한 데 대해 "놀라운 바는 이 소책자가 그때 일본백성의 높은 기상을 말해줌이었다 … 일개 기술자 세키 고세이가 임란 격전지를 둘러본 뒤 편찬해서 후일을 기했음은 그때 일본인의 저력을 말해줄 상징이라 할 만했다"(김형국, 〈천년의 인물, 이순신〉, 《이 나라에 이런 사람들이》, 2017년)는 평가를 받을 만하다.

세키 고세이는 이 책에서 《징비록》에 나와 있는 ▽이순신의 가계와 강직한 성격, ▽한산해전 등의 승전, ▽거북선 발명, ▽사천해전 후 어깨에 박힌 탄환 태연히 제거, ▽투옥과 백의종군, ▽원균의 무능과 졸전, ▽명량해전과 진린의 이순신 칭송, ▽이순신의 최후 등 이순신 관련 부분을 집중적으로 소개하면서, 이순신에 대한 자신의 평가도 덧붙이고 있다.

당시 일본의 평범한 교양인이 쓴 책이지만 이 책의 독자는 이순신이 어떤 사람인지, 왜 이순신이 명장인지를 잘 알 수 있을 정도다.

▽풍태합(豊太閤[히데요시])이 … 지하에 반수(半隨)의 몸으로 누워 있게 된 한(恨)은 그 수군에 있음을 알고, 또 그 수군의 패인이 조선의 한

사나이 이순신에게 있다는 사실을 안다면 지금 우리는 어찌 옛일을 회상하여 의연히 일어나 분발하지 않을 수 있겠는가?

▽이순신은 당시 명재상 류성룡의 추천으로 일개 현감이라는 미관말직에서 여러 계급을 뛰어 전라좌수사에 앉게 되었다. 그 뒤 이순신은 우리 일본 수군을 방어, 격파하여 그 자신에게는 최고의 명예를, 그리고 우리에게는 최대의 치욕을 안겨 주었는데…

▽우리 장수들이 갖추지 못한 이순신의 장점과 탁월한 전술만으로도 승패는 이미 결정되었다고 해도 과언이 아니다. 견내량해전에서 좁은 바닷목을 피하여 넓은 바다로 나아가 재빨리 함열(艦列)을 전개하여 일제히 공격한 것은 … 실로 현대함대의 전술상규에도 그대로 부합된다. 그의 계략은 용의주도하였으며, 우리나라 장수들보다 모든 점에서 뛰어났다. 그리고 양군의 승패를 결정짓는 이치가 바로 이들 속에 잉태되어 있었다 … 장차 일본 해군이 되려는 사람들은 이 경고를 무시해서는 안될 것이다.

▽이순신은 타고날 때부터 범상치 않은 탁월한 인물이었다. 당시 류성룡이 미미한 존재였다면 이순신의 용약은 한갓 초목처럼 버려졌을 뿐 아니라, 우리 수군이 서해로 북진하여 서도[황해도, 평안도]의 육군과 제휴하여 순식간에 전 반도를 손에 넣을 수도 있지 않았을까? 후세에 누군가가 다시 이순신을 위하여 붓을 들게 된다면 당시 조선의 운명을 구한 사람은 단적으로 이순신이었으며, 또 그의 용약을 세

상에 드러낸 사람은 바로 류성룡이었음을 알아야 할 것이다.

▽특히 류성룡이 이순신의 용약을 비천한 신분 가운데서 찾아내어, 국가가 위난을 당했을 때 모든 사람들의 의혹을 물리치고 그를 발탁하여 중용한 선견지명은 마치 프랑스의 파올리(Paoli) 장군이 코르시카의 섬 출신인 일개 사관 나폴레옹의 재능을 가려내어 천거하였다는 일화와 아주 흡사하다.

_____《조선 이순신전》

세키, 이순신과 넬슨을 처음 비교

세키 고세이는 이 책에서 이순신을 트라팔가 해전(1805년)에서 프랑스-에스파냐 연합함대를 격파해 영국역사상 가장 위대한 해군 영웅으로 칭송되고 있는 호레이쇼 넬슨(Horatio Nelson, 1758~1805년)과 다음과 같이 비교하고 있다.

나는 당시의 역사를 수세기가 지난 오늘날의 유럽역사와 비교해보더라도 이순신의 전공이 훨씬 위대하다고 생각한다. 나폴레옹과 히데요시, 이 두 영걸은 성품과 행동에 아주 닮은 점이 많다 … 트라팔가 해전에서 넬슨이 승리하고 프랑스가 패함으로써 나폴레옹의 일대계획은 이때 이미 물거품이 되고 말았다 … 태합의 조선에 있어서의 상황도 매우 비슷했다. 우리 수군이 어떻게 육군과 서로 상응하여 지원하고 제휴하는가에 따라 그 승패가 갈렸다. 바꾸어 말하면 우리 해군 장수들과 이순신과의 싸움은 전체 전국의 승패를 결정짓는 분수령이었다. 그래서 두 전쟁[임진, 정유]은 이순신 때문에 좌절되어 조선과의 역사에서 더 없는 오점을 남기게 되었다 … 당시 영국을 굳게 지켜 나폴레옹의 전화를 입지 않게 한 것은 영국의 이순신이라고 할 수 있는 넬슨의 전공이요, 또 조선을 지켜 국운의 쇠락을 면하게 한 것은 조선의 넬슨이라 할 수 있는 이순신의 위대한 전력이었다 해야 할 것이다.

———《조선 이순신전》

이순신과 넬슨을 비교, 언급한 것은 이 책이 효시로 이후 동서양을 대표하는 두 해군 명장에 관한 이야기가 후세에 널리 알려지게 됐다. 이순신을 서양의 명장, 넬슨과 최초로 비교한 것이 한국인이 아니라 일본인, 그것도 학자나 전문가도 아닌 측량기사라는 평범한 일본인이었음은 우리를 부끄럽게 한다.

한말 미국선교사(아펜젤러)가 세운 한국 최초의 학교(배재학당)가 1885년 개교한 점 등을 고려하면, 세키의 《조선 이순신전》이 발간된 1892년 당시 조선인 가운데 넬슨의 이름을 아는 사람은 아마도 거의 없었을 것이다.

한국인의 저술에서 이순신과 넬슨을 비교하는 구절이 처음 나온 것은 세키의 《조선 이순신전》이 발간된 지 16년 후, 대한제국이 일본에 강제합병되기 2년 전 〈대한매일신보〉(1908년 5월 2일~8월 18일)에 국한문 혼용의 역사전기물로 연재된 신채호의 '수군 제일위인 이순신'이다.

이처럼 이순신을 넬슨 등 서양명장과 비교하는 것이 우리나라에서 늦어진 것은 서양 문물과 학문을 받아들이는 것이 일본보다 수십 년 뒤쳐져 있었기 때문이다.

신채호, 이순신을 넬슨보다 높이 평가하다

신채호는 《수군 제일위인 이순신》에 이어 한문을 모르는 일반 민중과 청소년, 부녀층에게 이순신을 알리기 위해 한글로 쉽게 풀어 쓴 《수군의 제일 거룩한 인물 리순신젼》(1908년 6월 11일~10월 24일)을 국문판 〈대한매일신문〉에 연재하였다. 신채호의 이 글들은 한국인이 근대에 쓴 첫 이순신 전기이기도 하다.

그는 이글에서 이순신을 강감찬(姜邯贊), 정지(鄭地[고려말 왜구를 물리친 장군]), 제갈량(諸葛亮), 한니발(漢尼拔) 등 동서고금의 인물들과 비교하며, 뛰어난 전략전술과 충절 등을 높이 평가하고 있다.

신채호는 《수군 제일위인 이순신》의 결론에서 충무공을 영국의 '내리손(乃利孫)' 즉, 넬슨과 비교하면서 "만일 20세기 금일에 내리손이 리충무와 바다에서 서로 마주 친다면 필경 아이에 불과할진저…", "내리손은 하등 심모원려가 없고, 단지 뱃머리에 우뚝 서서…"라고, 넬슨이 이순신에 전혀 미치지 못하는 인물임을 강조하고 있다. 그는 "오호라, 영웅의 명예는 항상 그 나라의 세력을 따라서 높고 낮음이로다"라고 하여, 넬슨이 세계적인 명성을 얻은 원인을 영국의 막강한 군사력 등 국력에 있다고 보았다.

신채호는 한글본 결론에서 "대저 수군의 제일 유명한 사람이 있고 철갑선을 창조한 나라로 오늘날에 이르러 저 해군의 가장 강한 나라와 비교하기는 고사하고, 필경 나라라는 명색조차 없어질 지경에 빠졌으니…"라며 이미 을사늑약(1905년)으로 외교권을 빼앗겨 풍전등화와 같은 신세가 된 당시 대한제국의 처지를 개탄하고 있다. 그는 "넬슨이 이공과 같이 여러 가지 곤란을 당했으면 능히 성공했을지는 이는 단언키 어려운 문제"라며, 이순신이 넬슨보다 뛰어났음을 강조하고 있다. 신채호가 넬슨을 어떻게 알게 됐는지는 미상이다.

한편, 박은식은 한일강제병합 5년 후인 1915년에 펴낸《이순신전》서문에서 "우리가 어찌하여 여기에 이르렀나? 우리 인민이 우리의 이순신을 잊어버렸기 때문이다…"고 한탄하면서 "이순신을 칭하여 고금 수군의 제일 위인이라고 말하고, 또 영국의 넬슨보다 현명하다고 불리는 것은, 즉 일본사람이 공공이 전하는 말이다…"라고 언급하고 있어 일본인 저술을 통해 넬슨을 알았음을 밝히고 있다.

일본 해군 교관, 이순신을 연구하고 강의하다

일본의 측량기사가 쓴 첫 이순신 전기(《조선 이순신전》)가 발간된 지 만 10년 후 해군 전사(戰史) 전공의 현역 해군장교가 쓴 이순신에 관한 연구논문이 처음 나왔다.

1900년 말, 해군 현역장교를 대상으로 전술 등을 교육하는 해군대학교의 교관으로 부임한 해군소좌 자작 오가사하라 나가나리(小笠

일본 해군이 공식적으로 이순신을 처음 가르친 교재인
《일본제국해상권력사강의(日本帝國海上權力史講義)》표지. 해군소좌 오가사하라
나가나리(小笠原長生)가 쓴 이 책은 오가사하라가 해군대학교에서 강의한 내용으로
1902년 해군대학교에서 처음 출간되고, 오가사하라가 중좌로 승진한 후 민간 출판사인 슌
요도(春陽堂)에서 1904년 같은 제목으로 발행됐다.

原長生, 1867~1958년, 해군병학교 제14기)는 자신의 강의교재인《일본제국해상권력사강의》를 1902년에 출간했다.

해군대학교가 발행한 이 책은 고대시대 이래 메이지시대에 이르기까지 일본의 해상권력 변천을 다루고 있는데(총 324쪽) 이 가운데 〈제5장 도요토미 히데요시의 원정〉이란 항목이 있다. 이 항목은 24쪽에 걸쳐 임진왜란사를 다루면서 이순신에 관한 내용을 비교적 상세하게 소개하고 있다. 저자인 오가사하라는 "제서(諸書)를 섭렵하여 원고를 썼다"고 서문에서 밝히고 있는 만큼《일본징비록》이나 세키 고세이의《조선 이순신전》등도 참고하여 이순신에 관해 집필한 것으로 추정된다.

이 책을 통해 국내에 처음 소개되는 이 교재는 해군대학교, 즉 메이지시대 일본 해군이 옛 적장인 이순신을 연구하고 이를 장교들에게 공식적으로 가르쳤다는 것을 증명하는 유일한 자료다. 그 만큼 이순신 연구의 귀중한 사료이기도 하다.

필자가 조사한 범위 내에선 이 시기에 해군병학교 생도를 대상으로 하는 교육과정에서 이순신을 가르친 과목과 교재는 없었다.[5] 또한 현역 해군장교를 교육시키는 해군대학교에서도 이순신만 별도로 가르치는 강의가 있었거나, 교재를 만든 것은 아니었다. 오가사하라

---

5 해군병학교의 전신인 구 해군병학료의 교과과정표에는 유년(幼年)학생본과 일급 과정에 해전기(海戰記) 및 해륙전법(海陸戰法) 과목이 장년(壯年) 학생 과목 제4반년(第四半年)에 해군역사, 제5반년(第五半年)에 해륙전법 과목이 각각 있다. 그러나 러일전쟁 발생 직전인 1902년을 전후한 시기, 앞서 언급한 가와다 소위 등 해군병학교 제31기생들이 재학 중이던 기간 해군병학교 교과과정에는 해군역사를 가르치는 과목은 아예 없어졌다.(일본 해군교육본부,《제국해군교육사(帝國海軍敎育史)》, 제2권, 1911년). 이처럼 메이지, 다이쇼, 쇼와시대의 해군병학교 교과과정표에 이순신의 이름을 딴 과목명은 없었다.

가 강의한《일본제국해상권력사》과목 교재의 한 항목에서 이순신을 가르친 것이다.

오가사하라 역시 이 책에서 "풍공(豊公[히데요시]) 7년의 원정이 수포로 돌아간 것은 첫째, 우리 수군이 평소 훈련을 게을리하고 있었고 둘째, 수군의 총대장을 두지 않았기 때문이다"라고 지적하며, "일본 해군은 이 패배의 원인을 연구하여 교훈으로 삼지 않으면 안된다"고 강조하고 있다.

세키 고세이의《조선 이순신전》이 징비록을 중심으로 당시 평범한 일본 교양인의 관점에서 이순신을 평가한 것이라면 해군대학교 교관인 오가사하라는《일본제국해상권력사강의》에서 실전(청일, 러일전쟁) 경험과 수군 및 해군전사(戰史)를 전공한, 해군전략가로서의 지식과 안목 등으로 이순신을 평가하고 일본 해군이 나아갈 방향을 강조하고 있다.

이 책의 이순신 관련 주요내용과 일본 수군참패의 원인 등을 살펴보자. 그는 이순신에 대해 "호담활달(豪膽活達[매우 담대하고 활달])함과 동시에 치밀한 수학적 두뇌에다 장군다운 그릇을 갖춘 인물"이라고 평가하고 있다.

▽도요토미 히데요시의 조선정벌은 … 해군의 승패에 따라 대국(大局)이 결정된 것이다….

▽다시 13만의 군세를 정비해 출군할 때[정유재란] 히데요시는 여러 장수에게 훈계하여 말하기를, 앞서의 싸움[임진년, 1차 침략] 때 아

군의 성공을 보지 못한 것은 수군이 대패하여 해륙상응(海陸相應)하지 못한 것이 주원인이므로 이번에는 용전하여 적의 수군을 쳐부수어 앞서의 수치를 씻도록 명령했다.

▽고니시 유키나가(小西行長)는 공을 세워 죄를 씻어야겠다고 생각해 조선의 조정에 헛소문을 퍼뜨려 지난번 전쟁 때 일본 수군을 누누이 격파하여 용명을 날린 적장 이순신을 나쁘게 이야기하였다 ⋯ 이순신은 옥에 들어가고 무능한 원균이 대신 수군의 장수가 되었다. 이로써 아군은 유유히 진군하여⋯

▽수군의 상황을 볼 때 처음에는 앞서의 싸움보다 좋은 결과가 나온 것은 오로지 이순신이 없었기 때문이며⋯

▽원균이 전사했다. 이같이 수군은 대승리를 거두어 적의 근거지인 한산도를 점령하여, 처음으로 조선 남해안의 해상권이 우리나라[일본]에 돌아오게 되었다. 고니시는 곧바로 서쪽으로 향하여 전라도 남안의 여러 성을 점령하여 두지진으로 상륙해, 해륙의 연락을 얻어 군대가 점차 활동하여 ⋯ 이에 다시 이순신을 일으켜 삼도수군통제사에 기용하므로 그는 다시 우리 수군에 대해 경천동지의 대운동을 개시하게 되었다.

▽이순신은 13척의 선대를 지휘하여 조류를 이용해 포화를 퍼붓고 독전하여 스가 마사가케(管正蔭)는 전사하고 ⋯ 다른 부대들도 모두

이순신이 나왔다는 말을 듣고 기가 꺾여 섬 구석이나 만안에 잠복하여 해상권은 다시 이순신이 점령하게 되었다 … 우리 수륙 양군은 다시 연락이 끊어지게 되었고 … 아군은 수군이 패하여 해상권을 잃어버렸기 때문에 육군은 더욱 어려워졌다.

▽옛 일본의 역사가가 조선정벌을 기록할 때 곧잘 아군의 용맹을 말하여 천하무비라고 자랑스럽게 말할 정도이므로, 개인적으로는 당시 세계무비였다고 생각한다. 또 육군은 백전백승했지만 한편으로 재미없는 결과가 난 것은 수군이 패배한 것이 원인이므로 그 패배한 이유를 연구하는 것이 하나의 참고가 될 것으로 생각한다.

▽조선정부는 고려시대 이래 매번 우리 변민(邊民[왜구])의 침략으로 골치를 썩혀온 결과 명나라와 같이 수군이 아니면 그것을 방어할 수 없다는 사실을 알고 수십 년 전부터 국방관계상 가장 중요한 점을 수군에 두고 그 연구를 게을리하지 않았을 뿐 아니라 이순신을 지방의 관원에서 선발하여 그에게 절도사의 중임을 맡긴 것이다. 이 이순신은 호담활달함과 동시에 나아가 정세치밀(精細緻密)한 수학적 두뇌도 갖추어 전선 제조법, 진열의 변화, 군략, 전술에 이르기까지 모두 개량해 나갔다 … 거제도에서는 지형을 이용했고, 진도[명량]에서는 조류를 응용하는 등 여러 가지 획책을 통해 매번 승리하였기에, 조선의 안정은 이 사람의 힘에 의한 것이었다.

▽이순신은 싸움에 강할 뿐만 아니라 만사 장군다운 그릇을 갖추고

있었다. … 명나라 장수 진린은 소위 소인으로 자신이 공을 빼앗아, 이순신에게 공을 넘겨주지 않으려는 생각을 가지고 있었다. 그러나 이순신은 그것을 취급할 때 늘 공손히 하여 엄격히 할 때는 어디까지나 엄격히 하여 싸우고, 전투가 끝난 뒤에는 매번 공을 진린에게 양보했다. 이에 소인인 진린도 드디어 이순신에게 복종하고 존경하여 고금의 명장이라고 말했으며 … 진린은 이순신에 대해 '경천위지의 재주와 보천욕일의 공'이 있다고 말했다 …

_____ 《**일본제국해상권력사강의**》, 1902년

일본 해군의 전략가, 이순신을 경모하다

사토 데스타로(佐藤鐵太郎, 1866~1942년)는 앞서 언급한 오가사하라와 해군병학교 동기생(제14기)으로 '해주육종론(海主陸從論)'을 해군에서 가장 먼저 주창하는 등 메이지시대 이래 일본 해군의 대표적인 전략사상가의 한 사람으로 평가받는다.

그는 현역 해군 중장 시절 이순신을 '평생토록 경모'하는 '절세의 명장'이라고 공개적으로 칭송하는 등, 역대 일본 해군 제독 중에서 이순신을 가장 존경한 사람이라 해도 과언이 아니다.

사토는 대위 시절인 1890~1891년에 한반도 연안을 경비하는 포함(砲艦) '조카이(鳥海)'에 항해장 대리로 승선하고 있을 때, 풍전등화의 처지에 놓인 조선의 상황을 목격하고 "노청(露淸) 대 조선 관계의 장래와 우리 제국이 취해야 할 진로에 관해 스스로 깊히 느끼는 바가

있어", 국방방침에 대한 연구가 무엇보다 중요하다고 생각해 이 분야에 관한 집필을 시작했다고 밝히고 있다. 이것이 사토가 일본의 국방사상 연구에 입문하는 계기가 되었고, 1892년 국방정책에 관한 자신의 첫 소논문《국방사설(國防私說)》을 썼다. 이 책에 임진왜란과 이순신의 사적(事蹟)을 조사한 부분이 있다. 그러나 이 책은 출간된 것이 아니어서 원문 입수가 어려워 이순신 관련 내용을 확인할 수 없었다.

사토 대위가《국방사설》을 쓴 것과 세키 고세이의《조선 이순신전》이 출간된 것이 같은 해(1892년)이므로, 사토는《조선 이순신전》을 참고하지 못한 것으로 보인다.

사토는 이 논문에서 육군의 해군참모본부 설치반대론에 대항하기 위하여, 일본과 같은 섬나라(海國)에 있어서 육해군의 국방상의 우열을 다방면에 걸쳐 분석해, 해군이 육군에 앞선다는 점을 강조하고 있다. 예를 들면, "육군만으로 섬나라를 지키는 것은, 전쟁의 승패에 관계없이 연해의 민중이 약탈당하고, 양민은 참살당하는 등 섬들이 점령당하는 불행을 면치 못한다", "해군 없는 섬나라를 공격할 때는 상륙이 용이할 뿐만 아니라, 수시로 원병을 부를 수 있고, 군수를 공급하는 데 이점이 있음. 따라서 해군 없는 섬나라는 국방의 실을 거두기가 극히 어려움이 있음" 등이다.

이 같은 주장은 일본 해군 국방사상의 원점이라고 평가되었을 뿐 아니라, 해군의 지위향상을 위한 이론적 근거가 되었다. 즉, 그동안 일본 국방사상을 지배해왔던 육군이 주이고, 해군은 그 뒤를 따르는 '육주해종론(陸主海從論)'이 아니라 해군이 주이고, 육군이 그 뒤를 따르는 '해주육종론(海主陸從論)'을 처음 이론화했다는 평가를 받은 것이다.

이 같은 점이 '일본 해군의 아버지'로 불리는, 당시 야마모토 곤베에(山本權兵衛, 1852~1933년) 해군상을 비롯한 해군지휘부의 눈에 들어 사토는 해군의 국방사상을 확립하고, 국방구상방안 등을 수립하는 '해군을 대표하는 이론가'로 부상하기 시작했다.

러일전쟁에 앞서 일본은 청일전쟁에서 승리해 청나라로부터 할양받기로 한 요동반도를 러시아, 독일, 프랑스의 반환강요(삼국간섭)에 의해 청나라에 되돌려주는 '굴욕'을 당했다. 이들 열강이 일본에 반환을 강요한 배경에는 육군만이 아닌, 강력한 해군력이 있었으나 이를 아는 일본국민들은 거의 없었다. 그리고 청일전쟁 중 해전에서도 청나라에 대승을 거둔 일본 해군으로선, 육군과 대등한 지위를 확보하는 것이 급선무였다.

해군지휘부는 일반국민들의 해군사상의 함양과 보급을 위한 저작활동이 필요하다는 판단 아래, 해군 내에서 가장 뛰어난 해전사 연구자이자 전략이론가인 오가사하라와 사토 등에게 '해주육종론'을 뒷받침하는 연구활동을 독려했다.

"이순신은 실로 개세의 해군장수"

이 같은 방침에 따라 일본 해군 수뇌부는 해전사 연구 등을 위해 사토 데스타로를 2년 반 동안 영국과 미국으로 유학을 보냈다. 사토는 귀국한 이후 1902년 해군대학교 교관으로 임명된 뒤 10년 전에 쓴 소논문인《국방사설》을 발전시켜《제국국방론(帝國國防論)》을 완성했다. 이 책은 메이지 천황에게 보고되었고, 일반인에게도 선전되었다.

쓰시마해전에 연합함대 제2함대 선임참모로 참전했던 사토는 이어《제국국방론》을 발전시켜 1908년 방대한 분량(880쪽)의《제국국방사론(帝國國防史論)》을 출간했는데, 이 책에는 이순신에 대해 간단히 언급한 부분이 있다. 따라서《국방사설》의 이순신에 대한 언급은 이순신의 행적을 조사한 정도이므로《제국국방사론》의 범주를 크게 벗어나지 않는 수준인 것으로 추정된다.

사토는《제국국방사론》에서 이순신에 대해 다음과 같이 언급하고 있다.

고래의 전장(戰將)으로 기정분합(奇正分合)을 교묘히 사용한 사람은 한두 명이 아니다. 나폴레옹의 '전(全)으로 분(分)을 치라'는 말도 바로 이 뜻에 다름 아니다. 그렇지만 해군장관(將官) 중에서 이를 살펴보면 먼저 동양에서는 한국장수(韓將) 이순신을, 서양에서는 영국장수 넬슨을 들지 않으면 안된다. 이순신은 실로 개세(蓋世[세상을 뒤엎을 만한])의 해군장수(海將)임에도, 불행하게도 조선에서 태어났기 때문에 용명(勇名)과 지명(智名)이 서양에 전해지지 않았지만, 불완전하게나마 조선정벌과 관련된 문헌을 보면 실로 훌륭한 해군장수이다. 서양에서 이와 필적할 만한 사람을 찾아보면 틀림없이 네덜란드 장수 드로이테르를 들 수 있다. 넬슨 같은 인물은 인격면에서 [이순신과] 도저히 견줄 수 없다. 이장군은 실로 장갑함의 창조자이며, 300년 이전에 이미 탁월한 해군전술로 싸운 전장이다 …

사토는 일본 해군의 해주육종론을 주창하는 이론적 근거를 동서양 역사상에서 활약한 해군명장에서 찾고 있는데, 특히 이순신을 가장 높이 평가하고 있다.

실제 이순신은 조선 조정이 일본의 침입을 예상하고 있던 임진왜란 발발 직전, 국방에 있어 해양방어와 수군의 중요성을 강조하는 해군전략가로서의 면모를 보이고 있다. 당시 조정은 '수군을 없애고 육전(陸戰)에만 전념하도록 해야 한다'는 순변사 신립(申砬)의 주장을 받아들였다. 그러나 류성룡의 천거로 전라좌수사에 임명된 이순신은 "바다로 침입해 오는 적(海寇, 해구)을 저지하는 데는 수군만 한 것이 없으니, 수군 및 육군은 어느 한쪽도 없앨 수 없습니다"《선묘중흥지(宣廟中興志)》[6]라고 건의하자, 조정이 이를 받아들여 수군은 간신히 명맥을 유지하게 됐다. 이순신은 수전이 육전보다 전투하기에 더 용이하다는 점을 잘 알고 있었다. 이순신은 임진왜란 중 다음과 같은 장계를 올리고 있다.

수전에서는 군졸이 모두 배 안에 있으므로 적선을 바라보고 도망칠 수 없다. 마음과 힘을 다해 싸우는 수밖에 없다. 거북선이 먼저 돌진하고 판옥선이 뒤따라 진격하여 연이어 지자총통과 현자총통을 쏘고 이어 포환과 시석(矢石)을 퍼부으면 … 수전의 쉬운 점이다.

_____ 이순신, 〈수전과 육전에 관한 일을 자세히 아뢰는 계본〉, 《임진장초》

---

6 1587년(선조 20년)부터 1607년(선조 40년)까지 임진왜란의 전말과 극복과정 등을 기술한 책으로 저자와 연대미상.

사토는《제국국방사론》등 자신이 저술한 전략서에서 '육주해종론' 위주였던 일본의 국방사상을 '해주육종론'으로 바꾸기 위한 이론적 뒷받침을 제공해, 해군 내에서 '해주육종의 이론적 기수'로 각광받았다.

메이지 해군이 지향해야 할 이론적 방향을 제시한 오가사하라와 사토 등의 해군국방사상은 임진왜란 당시 일본 수군의 실패에서 일본 근대해군이 나아갈 길을 찾고 있다고 해도 과언이 아니다. 결국 러일전쟁을 앞둔 긴급상황에서 육군이 한발 물러서 '육해대등(陸海對等)'의 형식을 갖추게 되었다. 이 부분은 후술한다.

이처럼 메이지유신 이후 일본 해군이 임진왜란 실패의 원인과 이순신의 실상을 제대로 파악하는 것이 가능했던 것은, 전술했듯이 임진왜란 후 이순신의 경력과 활약 등을 가장 잘 정리한 기록인 류성룡의《징비록》이 일본에 흘러들어가 일본판으로 출간되었다는 사실에서 비롯한다.

메이지시대(1868~1912년)에 저술, 발간된 이순신 관련 서적은 삽화를 곁들인 조선군기물을 제외하고는 세키, 오가사하라, 사토의 저술밖에 없다. 이 세 사람의 이순신에 관한 저술은, 모두 이순신에 관한 정보를《징비록》에서 인용해 각기 나름대로 해석하고 있다. 그리고 이순신의 실상을 알게 되면서, 그를 '조선 구국의 영웅', '바다의 명장'으로 평가하고 있기 때문에, 메이지 해군들도 자연스럽게 이순신을 알게 되면서, 그를 외경하게 된 것으로 분석된다.

"조선에 이순신 있음을 기쁘게 생각…"

사토는 후일 해군중장으로 승진하고 한국이 일본의 식민지가 된 1926년, 〈절세의 명장 이순신〉(《조선지방행정(朝鮮地方行政)》, 1926년 2월호)이란 짤막한 글에서 "내가 경모하는 이장군은 실로 위와 같은 인물이었다 … 이순신과 드 로이테르 및 넬슨, 이 세 장군은 모두 대승리라는 광영의 절정에서 찬란히 전사한 것으로, 특히 추모의 마음을 깊게 한다. 나는 조선에 이순신이 있음을 기쁘게 생각하는데 … 다행히도 새롭게 세계 제1의 명장 도고원수를 갖게 되어 역사를 장식하게 됐음을 생각하면 더욱 일단의 유쾌함을 느낀다"라고 적었다.

그는 해군중장으로 예편한 뒤 일본의 해전사를 정리한 저술인 《대일본해전사담(大日本海戰史談)》(1930년)에서는 '우리의 조선정벌전의 실패는 요컨대 해군의 실패에 따른 것'이라고 단언하면서, 이순신에 대해서는 '불세출의 명장', '절대의 명장', '진실로 동서해장 중 제1인자'라고 극찬하고 있다.

4 학익진과 정자전법

희대의 명참모, 아키야마가 입안

근래 한국 언론과 인터넷 등에서는 이순신과 쓰시마해전에서 발틱함대를 물리친 도고 연합함대사령장관을 비교하는 글들이 빈번하게 등장하고 있다. 두 사람을 비교하기 전에 먼저 도고는 왜 일본에서 '성장(聖將)', '군신(軍神)'으로 추앙받고, 서구제국에서는 '동양의 넬슨'으로 알려져 있는가를 알아보는 것이 순서일 것이다.

쓰시마해전에서 연합함대의 승리는 후일 일본이 미국 포츠머스에서 체결된 러일전쟁 강화조약(1905년 9월)을 맺을 때 일본이 러시아보다 우위에 서서 협상하는 발판이 되었다. 따라서 쓰시마해전의 승리는 일본이 1년 반에 걸친 러일전쟁에서 승리하는 데 결정적인 역할을 했다고 할 수 있다.

쓰시마해전에서 연합함대가 발틱함대를 상대로 사용한 전법은 이른바 '정자(丁字)전법'이다. 일본에선 '정자(丁字)'가 알파벳의 'T자'와 비슷해 '정자전법'을 'T자전법'이라고도 한다.

국내에선 이순신이 한산해전에서 사용한, 학이 날개를 펼친 것과 같이 가로로 벌려 적을 포위하듯이 공격하는 학익진(鶴翼陣)을 도고가 배워 발틱함대를 물리쳤다는 식으로 널리 알려져 있다. 그러나 연합함대가 발틱함대를 물리친 후 간행된 일본 해군의 러일전쟁 공식 해전사에 학익진으로 싸웠다는 말은 한마디도 없다. 학익진이란 말조차 사용하지 않는 만큼, 당연히 이순신과 연관시키지도 않는다.

공식 해전사 이외에 쓰시마해전을 다룬 러일전쟁사, 관련 인물의 전기, 소설류 등은 대부분 연합함대가 '정자전법'으로 발틱함대를 물리쳤으며, 이 가운데 일부가 '정자전법'은 학익진과 같은 개념이라고 보충설명할 뿐이다. 쓰시마해전의 전개과정과 정자전법을 먼저 살펴보고, 이순신과 학익진에 대해서는 후술한다.

정자전법이란 무엇인가? 일본에서 정자전법이란 중세의 범선(帆船)전함이 주를 이루는 해전에서 아군과 적이 정자(丁字)형의 대형으로 전투를 벌이는 것을 의미한다. 말하자면 함대의 지휘관이 타고 있는 기함(旗艦)을 선두로 종진(縱陣), 즉 세로로 향진해 오는 적함대에 대하여 횡일열(橫一列), 즉 가로 한 줄의 대형(隊形)으로 적의 진로를 막아 맞받아치는 전법이다. 1900년을 전후하여 함포의 사정거리가 급속히 늘어남에 따라 적함과 부딪히는 전술은 더 이상 필요가 없게 되었다. 대신 함포 사정거리가 늘어난 쓰시마해전 당시의 전함은 세로 방향(縱方向)에서는 포를 일문 또는 이문밖에 발사할 수 없었으나, 가로 방향(橫方向)에서는 주포뿐만 아니라 현측(舷側), 즉 배의 양쪽 가장자리에 있는 다수의 포문에서 발사할 수 있고, 그것도 종일열(縱一列), 즉 세로 한 줄의 대형으로 오는 적함대의 선두함을 아군 모든 함에서 집중적으로 공격할 수 있어 정자전법은 매우 효과적인 전술이기도 했다. 그러나 선체의 세로보다는 훨씬 넓은 가로가, 적에게 공격대상이 되는 큰 위험부담도 있었다.

일본에선 '일본해해전(日本海海戰)'이라고 부르는 쓰시마해전에서 정자전법은 일본에선 '희대의 명참모', '공전의 해군 전술가' 등으로 불리는 연합함대 작전참모 아키야마 사네유키(秋山眞之, 1868~1918년, 해군병학교 제17기)가 입안했다.[1]

해적들의 전법에서 착안한 정자전법

국내에선 연합함대가 이순신의 학익진을 배워 발틱함대를 물리친 것이 정설처럼 되어 있으나 이 정자전법을 입안한 아키야마는 학익진이나 구미제국에서 수입한 것이 아니라 중세 일본 해적의 전법에서 착안한 것이라고 밝히고 있다.

그 과정은 다음과 같다.

---

1 아키야마 사네유키는 이요 마츠야마번의 가난한 무사의 아들로 태어났다. 일본 육군에서 '기병(騎兵)의 아버지'로 불리는 아키야먀 요시후로(秋山好古, 1859~1930년) 대장이 그의 형이다. 요시후로는 러일전쟁 당시 기병 제1여단장(소장)으로 만주에서 세계 최강으로 불리던 러시아 기병부대를 격파하고, 이어 1905년 3월 봉천(奉天)회전에서는 러시아 대기병단의 퇴로를 차단해 승리에 크게 기여했다. 그래서 두 사람은 러일전쟁 중 '형은 육군, 아우는 해군'에서 크게 활약한, '용감한 형제'로 오늘날에 이르기까지 회자되고 있다.

아키야마는 대위 시절 미국으로 유학을 떠나 1897년 8월 말부터 2년 4개월간 미국, 이어 영국에서 8개월 등 3년간 구미 선진국의 해군 전술학을 연구한 뒤 귀국(1900년 9월)했다.

아키야마는 귀국 후 해군성 군무과원으로 근무 중 위장병으로 입원치료를 받고 있었다. 어느날, 앞서 언급한 해군대학교 교관으로 《일본제국해상권력사강의》를 쓴 오가사하라 나가나리 소좌가 병문안을 왔다. 그는 아키야마의 해군병학교 3기 선배였다. 아키야마가 오가사하라에게 병상에서 읽어 볼 고(古) 병서 같은 게 있으면 빌려 달라고 했다. 오가사하라의 아버지는 구슈 가라스(唐津, 현재의 사가(佐賀)현 가라스시)번의 번주로 에도 막부의 고위직인 로츄(老中)를 지낸 인물이었다. 그의 집에는 예로부터 전해져 오는 많은 서적들이 있었다. 오가사하라는 집 서고에 있는 고 병서 몇 권을 아키야마에게 보냈다.

얼마 후 오가사하라가 다시 병문안을 가자 아키야마는 "빌려주신 책 가운데 《노지마류해적고법(野島流海賊古法)》이란 것이 있는데 이것은 정말 유익한 책입니다. 이것을 활용하면 훌륭한 전술이 될 것입니다"라고 했다.

《노지마류해적고법》은 어떤 책인지 간단히 알아보자.

몽골과 고려가 대군을 동원해 1274년(약 3만 명)과 1281년(약 14만 명), 두 차례 일본을 침략했을 때, 이요(伊豫) 마츠야마(松山, 현재의 에히메(愛媛)현)번의 호족 고노 미치아리(河野通有)가 이끄는 수군은 작은 배를 이용해 몽골군의 큰 배를 습격해, 상당한 전과를 올렸다. 몽골군과 고려군은 두 차례 모두 때마침 불어온 태풍의 영향으로 패퇴했고, 일본은 이를 신이 (일본을) 지켜준 바람이라 하여 '가미카제

일본 해군의 '천재적인 전술가'로 불렸던 아키야마 사네유키(秋山眞之) 연합함대 작전참모

(神風)'라고 불렸다. 그로부터 약 50년 후인 가마쿠라(鎌倉) 막부 말기 세토내해(瀬戸內海)에는 스스로 '해적'이라 칭하며 일대를 분탕질하는 수군 조직이 수십 개가 있었다. 이때 이요의 호족 무라카미 요시히로(村上義弘)는 이들 수군을 정복하여 스스로 대장군이 되어, 휘하에 두면서 대수군을 조직했다. 이 무라카미 수군의 전법을 '해적류(海賊流)'라고 불렀다. '노지마류'는 이 '해적류'에서 분파된 것이고, 이들의 전법서가《노지마류해적고법》이다.

아키야마 집안은 일본을 침략했던 몽골군·고려군과 싸운 고노씨의 후손이었다. 오가사하라는 집에 보관하고 있던 '해적류'뿐 아니라 '미시마류(三島流)', '고슈류(甲州流)', '젠류(全流)' 등 다른 육·수군의 고 병서도 아키야마에게 보냈다. 이 책들을 읽은 아키야마는 오가사하라에게 '전력을 다해 싸운다', '배를 공격하지 말고 인심(人心)을 공격한다'고, 그 핵심을 정리해 설명했다.

'전력을 다해 싸운다'는 것은 '우리의 모든 힘, 즉 전력(全力)으로 적의 작은 힘, 즉 분력(分力)을 친다'는 의미다. '배를 공격하지 말고 인심을 공격한다'는 것은 '적함을 침몰시키다는 것보다는, 적의 전의를 상실시켜 항복시키는 식으로 싸운다'는 의미다. 그렇게 하는 것이 힘도 덜 들고, 실익도 있기 때문이었다.

아키야마가 읽은 수군의 고 병서에는 '초전 적 선두 제압', '적 패배 시 당일야습', '학익의 진(鶴翼の備え)' 등을 비롯해 '호랑이 진(虎の陣)', '표범 진(豹の陣)'이라는 재미있는 표현의 전법도 있었다. 당시 해적들은 표범을 호랑이의 처로 생각하고 있었는데, 약한 '표범 진'을 앞에 내세워 적이 공격해오면 도망치면서 강한 '호랑이 진'으로 유인

해 '호랑이 진'이 적을 물어 죽인다는 전법을 사용했다는 것이다.

도고, 메이지 천황 앞에서 '격멸'을 다짐하다

러일전쟁이 한창 진행 중이던 1904년 12월 말. 도고 헤이하치로 연합함대 사령장관은 일시귀국해 도쿄에서 메이지 천황에게 전황을 보고했다. 이 자리에서 도고는 일본을 향해 오고 있는 러시아 발틱함대(정식명칭은 태평양함대 제2함대)와의 전투에 대한 질문을 받자 "적의 증원함대를 맹세코 격멸시켜, 폐하의 마음을 평안하게 해드리겠습니다"라고 호언장담했다.

배석해 있던 야마모토 해군상 등은 평소 말수가 적고, 허튼소리를 하지 않는 도고가 '격멸'이라는 과격한(?) 용어를 쓰는 데 놀라 도고의 얼굴을 쳐다봤다.

사실 도고는 4개월여 전 연합함대를 이끌고 아키야마가 입안한 정자전법을 활용해 러시아가 조차하고 있던 중국 요동(遼東)반도 남단의 여순(旅順)함대(정식명칭은 태평양함대 제1함대)가 블라디보스토크로 빠져나가려는 것을 봉쇄하기 위한 황해해전(1904년 8월)에서 상당한 전과를 올렸다. 그러나 러시아함대 일부가 여순항으로 되돌아가면서 작전이 완전하게는 성공하지 못했다. 따라서 도고는 일본 정부는 물론 국민 대다수가 '일본의 흥망이 걸려 있다'고 여기고 있는 발틱함대와의 결전인 만큼 황해해전의 우를 재발하지 않겠다며, '격멸'을 다짐한 것이다.

당시 발틱함대는 전함 8척, 장갑순양함 3척을 보유하고 있었던데 비해 연합함대는 전함 4척을 보유하고 있을 뿐이었다. 발틱함대의 절반에 불과했다. 그러나 연합함대는 장갑순양함 8척, 순양함 15척, 구축함 21척, 수뢰정 41척을 가지고 있어 발틱함대를 각각 크게 상회하고 있었다. 따라서 러일 양측의 함대 전력은 비슷하다고도 볼 수 있다.

따라서 이 같은 전력 보유 상황을 감안할 때 러시아 측은 포력(砲力)을 살려서 주력함 간의 결전을 유도하는 것이 바람직했다. 이에 대해 일본은 주력함대에 의한 공격만이 아니라 구축함이나 수뢰정 등이 파상공격에 가담해 적 함대를 한척도 남기지 않고 격멸시키겠다는, '7단준비(七段構え)' 전법을 세워놓고 있었다. '7단준비' 전법이란 제주도 부근부터 러시아 블라디보스토크까지의 해면을 일곱 구역으로 구분하여, 각 구역에서 별개의 전법으로 적함대를 공격하여 마지막 한 척까지 침몰 또는 포획한다는 작전이다.

만약 연합함대가 발틱함대를 격멸시키지 못해 몇 척이라도 블라디보스토크로 빠져 나가게 된다면, 러시아 태평양함대는 일본과 한국 사이의 해상교통로를 장악하게 돼 만주에 있는 일본 육군을 지원해야 하는 일본의 해상보급선에 심각한 타격을 줄 것으로 예상되었다. 그렇게 되면 만주에서 수만 명의 전사자를 내며 러시아 육군과의 혈전 끝에 겨우 여순요새를 함락(1905년 1월)시켜 승기를 잡은 일본 육군은, 러시아의 육군 증원에 따라 열세에 몰려 결국 패배할 가능성도 배제하지 못하는 상황이 된다. 그리고 일본이 러시아에 대해 승자로서 강화조약을 맺기 위해서는 어떻게 해서든 발틱함대를 격멸시켜

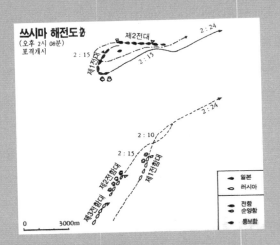

일본 연합함대가 발틱함대를 상대로 펼친 쓰시마 해전도.(시바 료타로,《언덕 위의
구름》에서 전재)

야 했다. 쓰시마해전의 승패를 가른, 연합함대가 발틱함대를 상대로 정자전법을 펼치는 장면을 잠시 살펴보자.

전투시작 '30분 만'에 승패가 결정나다

"타타타타타타타(タタタタタタタ)"

1905년 5월 27일 오전 5시 5분. 진해만 가덕수도에 정박하고 있던 연합함대의 기함 미카사(三笠)의 무선 전신기가 울렸다. 암호는 이미 정해진 대로 '타자(タ字)'를 계속 일곱 번 치는 것이었고, 그 의미는 '적함 보인다'였다.

적함대를 발견한 시간이 이른 아침이었기 때문에 연합함대가 사전에 계획한 '7단준비' 가운데 제1단은 사용할 필요가 없었다. 이에 따라 쓰시마해전은 '아침부터 일몰까지 함대의 전력을 동원하여 적함대와 정공법으로 결전, 포뢰격(砲雷撃)으로 승리를 결정적으로 한다'는 제2단부터 시작되었다. 기함 미카사에서 '적함 보인다'는 전문을 접한 연합함대 참모 아키야마는 대본영에 '적함 보인다는 경보(警報)를 접하여 연합함대는 즉시 출동, 그것을 격멸할 것임. 본일 날씨는 청랑하지만 파도는 높다'라는 전문을 작성해 보냈다. 이 전문 말미의 '오늘 날씨는 맑으나 파도는 높다(本日天氣晴朗ナレドモ波高シ)'란 구절은 담당장교가 만들어온 초안에 아키야마가 추가해 넣은 것으로, 전투상황 보고서에는 어울리지 않는, 문학적인 표현이라는 지적을 대본영으로부터 받았다. 그래서 후일 더욱 유명한 문장이 되었다.

진해만을 출격한 연합함대는 오후 1시 45분, 쓰시마와 혼슈(本州) 사이 현해탄에 있는 작은 섬인 오키노시마(沖ノ島) 인근 해역에서 발틱함대를 발견한다. 발틱함대는 약간 헝클어진 이열종대의 형태로 항진해 오고 있었다.

연합함대 사령장관 도고는 오후 1시 55분, '황국의 흥폐(興廢), 이 일전에 달려 있으니, 각원(各員) 일층 분려(奮勵) 노력하라'는 신호기('Z기')를 높이 올리도록 지시했다. 전투개시 명령이었다.

오후 2시 5분. 발틱함대와의 거리가 8천 미터가 됐을 때 기함 미카사 함교(艦橋) 위에서 지휘하고 있던 도고는 오른손을 높이 들어 왼쪽으로 원을 그리듯 돌렸다. 이른바 '적전대회두(敵前大回頭)'의 명령이다.[2] 이미 적의 사정거리 이내에 들어가 있었음에도 불구하고, 연합함대의 각함들은 기함 미카사부터 차례로 급히 기수를 왼쪽으로 크게 꺾으면서 발틱함대에 접근해 갔다.

이때 연합함대가 15노트 정도의 속력으로 움직이고 있었다고 가정하더라도 전 함대가 이 운동을 완료하려면 약 15분은 걸렸을 것《언덕 위의 구름》으로 계산된다. 이 15분 동안 발틱함대는 거의 정지된 목표와 마찬가지인 연합함대에 손쉽게 포탄을 퍼부을 수 있었다. 발틱함대 전함 아료르 함상에서 이 같은 도고함대의 '기묘한 움직임'을 보고 있던 발틱함대의 수병 노비코프-프리보이는 후일 쓰시마해전에 관한 소설에서 "[발틱함대 사령장관인] 로제스트벤스키(Zinovy

---

2 '적전대회두'는 도고의 이름을 따 서양언론 등에서는 'Togo turn'이라고도 불린다. 그러나 이 용어들은 후일 도고를 영웅화하기 위해 만들어진 것이라는 비판을 받고 있기도 하다.

Petrovich Rozhestvensky, 1848~1909년) 제독에게 딱 한번, 운명이 미소를 던진 것이었다"라고 쓰고 있다.[3] 그러나 이때, 발틱함대는 발포하지 않았다.

현대의 일본 전사가들은 연합함대가 배를 돌리고 있어 방향과 거리가 어떻게 변할지 측정하기 어려웠기 때문에 발틱함대가 쏘지 못했다고 분석한다.

오후 2시 8분. 발틱함대 제1함대 기함 스와로프가 미카사를 향해 첫 발을 발사했으나 크게 빗나갔다. 쌍방 간 거리는 7천 미터였다. 연합함대는 이때도 쏘지 않았다. 발틱함대는 북동쪽으로 향하고, 연합함대는 동북동쪽으로 향하고 있어 거리는 점차 좁혀 들고 있었다. 이 같은 태세를 도고의 '정자전법'으로 부르고 있는 것이다.

2시 10분, 두 함대 간 거리가 6400미터에 이르렀을 때 도고는 '사격개시' 명령을 내렸다. 2시 12분, 미카사가 쏜 첫 탄이 스와로프에 명중했다. 미카사의 전 포대가 스와로프를 향해 불을 뿜었다. 2시 13분, 미카사가 발사한 포탄이 스와로프에 연속으로 명중했다. 스와로프가 쏜 포탄 수백 발 중에서는 한 발만이 미카사에 명중했다. 2시 18분, 거리가 4600미터로 좁혀졌고, 미카사 우현 8센티미터 포 십문도 기관총과 같이 포탄을 발사해 차례로 스와로프에 명중했다. 발틱함대의 제2전대 기함 오스라비아도 연합함대의 엄청난 포탄세례에 2시 15분 대화염을 일으키며 왼쪽으로 기울기 시작했고, 스와로프와 알

---

3 Aleksei Silych Novikov-Priboi(1877~1944년), 러시아 소설가. 수병으로서 쓰시마해전에 참가했다가 포로가 된 체험을 바탕으로 장편소설 《쓰시마》를 썼다.

쓰시마해전 당시 연합함대 기함 미카사 함교위에서 도고(가운데)가 참모들과 작전을
논의하고 있는 모습을 그린 그림.

렉산더3세도 포탄을 맞고 대화재를 일으키며 전열로부터 이탈했다.

전투발발 후 약 15분간 발틱함대가 발사해 연합함대에 명중한 37발 중 대부분을 미카사가 피탄(被彈), 탑승자 가운데 사상자가 111명에 이르렀다. 연합함대가 입은 피해 중 가장 큰 피해였다. 이처럼 양측 주력기함끼리의 초반 결전은 30분(미카사의 첫 사격 2시 12분에서 2시 45분경까지) 남짓 사이에 일본 측의 압승으로 결말이 났다. 도고의 '정자전법'이 그야말로 초전박살로 승부를 결정지은 것이다.

이어 연합함대는 발틱함대의 여타 함대에 포화를 퍼부어 적함은 차례로 화염에 휩싸이고 침몰해 갔다. 이같이 5월 27일, 한낮 전투에서 연합함대는 발틱함대의 전함 4척을 포함한 7척을 격침시키고, 병원선 2척 나포 외에 러시아 함대 다수에 '다대의 손해'(전황보고서)를 입히는 등 대타격을 가했다. 연합함대가 각 함의 사거리를 통일한 것과 3개월여 동안 진해만에서 행한 수만 발의 함포사격 등 맹훈련이 빛을 발했다.

이처럼 초전에 적을 작살내는, 연합함대의 정자전법을 입안한 것은 아키야마이고, 이는 그 자신이 읽었던 수군 고 병서에 기록된 '수전에서는 처음 전투를 시작할 때, 우리들의 전력을 다해 적의 선봉을 공격, 단숨에 두세 척을 처부술 것'이란 내용에서 착안한 것으로 평가받는다.

후일, 아키야마는 쓰시마해전에 대해 '약 30분에 적의 전열은 완전히 흐트러졌다. 실로 황국의 흥폐는 이 30분간의 결전에 의해 결정됐다'(〈해군(海軍)〉 1909년 5월호)고 강조했다.

도고, 울릉도 남방 해역에 집합명령을 버리다

연합함대는 5월 27일 오후 7시 28분, 일몰이 되자 주력함대 대신 구축대(驅逐隊)와 수뢰정대(水雷艇隊)가 야습을 감행, 이미 지리멸렬 상태에 빠진 발틱함대 함정을 차례로 격침시켜 나갔다. 도고는 연합함대 전 함선에 다음날(28일) 새벽, 울릉도 남쪽에 집합하도록 명령했다.[4] 블라디보스토크로 빠져나가려는 러시아함대를 추격, 격멸하기 위한 작전계획에 따른 명령이었다. 도고가 지휘하는 연합함대의 주력함대는 28일 새벽부터 울릉도 남방 해역에 잠복해 있다가 블라디보스토크로 향하려는 발틱함대의 잔존 함대를 발견, 완전 포위한다.

오전 10시 30분, 연합함대가 포격을 개시하자 러시아 측은 전의를 상실한 채 전함 니콜라이1세를 비롯한 각 함의 마스트에 항복기 'X.G.E'를 내건 채 항복의사를 밝혔다. 이때 러시아 경순양함 한 척이 빠져나가 블라디보스토크 근처까지 갔으나 좌초했다. 도고는 항복수령을 위해 아키야마 참모에게 프랑스어에 능통한 대위를 통역으로 데리고 니콜라이1세에 오르도록 지시했고, 아키야마는 제3전함 함대사령관 네보가토프 소장과 참모 등을 포로로 잡아 미카사로 데리고 갔다.

이날 연합함대는 울릉도 남서쪽에서 중상을 입은 로제스트벤스

---

4 이 해전을 구경하는 한국인들이 있었다. 울릉도 주민들의 이야기를 채록한 《울릉도의 전설.민요》(여영택, 1972년)에는 다음과 같은 내용이 있다. "한국사람들은 산에 올라가서 러시아군함과 일본군함이 싸우는 모습을 지켜보고 있었다. 대포알이 비오듯이 오고갔다. 물에 맞은 대포알은 수십길 바닷물을 하늘로 치솟게 했으니 보기에 매우 장관이었다고 한다."

키 발틱함대 사령장관이 탑승한 구축함 베드원을 발견하고는 역시 포획했다. 이처럼 연합함대는 사전에 준비한 '7단준비' 가운데 제2단부터 제5단까지의 작전을 통해 계획 이상의 전과를 올렸기 때문에 제6단, 제7단은 실시할 필요가 없었다.

일본 측은 이틀간의 전투에서 전함 6척과 포함 19척 격침, 5척 포획, 자침(自沈) 2척, 중립국 도피 6척의 전과를 올렸다. 러시아 함대 중 블라디보스토크에 도착한 것은 순양함 등 4척뿐이었다. 러시아 측의 인명 피해는 전사 4524명, 포로 6168명이었다. 이처럼 발틱함대는 궤멸에 가까운 대타격을 입었다. 일본 측의 피해는 러시아의 10분의 1에도 못 미치는, 수뢰정 3척 침몰에 전사 116명, 부상 570여 명이었다. 일본 해군의 대승이었다.

옛 수군병서와 실전 상황

발틱함대와의 결전을 앞두고 아키야마가 읽은 옛 수군병서의 내용과, 그가 병서를 참고로 작전을 수립한 쓰시마해전의 실전 상황은 다음과 같이 비교되고 있다.

병서에는 '적이 이열 종대로 올 경우, 우리는 학익으로 에워싸 쳐부술 것'이란 대목이 있었다. 현대의 저명한 군사사(軍事史) 전문가(오이데 히사시(生出壽), 《지장 아키야마 사네유키(知將秋山眞之)》, 2009년)는 '학익의 진'이란 적에게 뱃머리를 향하고 일렬횡대로 적을 포위공격하는 것으로, 정자전법의 정신과도 같다고 분석한다.

연합함대의 '호랑이 진' 격인 주력 제1, 제2전대는 발틱함대가 이열종대의 대형으로 항진해 오자 그 전방에 학익과 같이 각 함을 가로로 세워, 적함대의 진로를 막았다. 연합함대는 이 정자전법으로 거의 비슷한 전력의 발틱함대를, 도고가 호언장담한 대로 '격멸'시켰다는 것이다.

또한 병서에는 '먼저 수전을 시작할 때, 적의 선두에 선 배 한 척을, 아군 수 척이 일제히 공격해, 단숨에 그 배를 쳐부술 것. 이렇게 하여 두서너 척이 침몰하면 적 전체의 세는 꺾이고 만다'는 전법이 있었다. 연합함대는 5월 27일 낮 전투개시 30분 동안 발틱함대의 선두에 있던 기함 스와로프에 집중포격을 가해 기선을 제압했다. 수군병서에 있는 전법 그대로였다.

병서에는 '적선이 패했을 때에는 그날 밤에 쳐부술 것'이란 것도 있었다. 발틱함대는 연합함대와의 첫 전투에서 패배한 뒤 어둠을 이용해 울릉도 옆을 통과해 블라디보스토크로 빠져나가려 했다. 이때 연합함대의 전함 등은 발포를 중지했으나 구축대, 수뢰정대가 야습에 나서 발틱함대에 어뢰를 집중 발사해, 다수를 격침시켰다.

일본 공식 해전사에 등장하지 않는 정자전법

러일전쟁이 끝난 뒤, 일본 해군군령부[참모본부]가 편찬, 1909년에 발행한 러일전쟁의 공식 해전사인 '공간전사(公刊戰史)'《메이지 삼십칠,팔년 해전사(明治三十七,八年海戰史)》(전3권)에는 쓰시마해전에서 일본 해군이 사용한 전법을 정자전법이라고 기술하지 않고 있다.[5] 이 해전사에 기술된 쓰시마해전의 개전 상황을 잠깐 살펴보자.

> 5월 27일 오후 1시 39분에 드디어 적함대를 발견, … 이어 2시 2분 우리 주력부대는 항로를 변경, 남서남 방향으로 … 이때 적의 선두는 우리 남동쪽 방향으로 약 8000미터 거리에 있었다. … 이때 적의 선두 스와로프가 발포하자 적함은 일제히 포화를 뿜었다. … 우리는 더욱 속력을 내어 항진, 2시 10분 사거리 6000미터 내외에 이르러 기함 미카사가 처음 응포하자 다른 함들도 이에 따라 적의 좌우 양렬의 선두함을 맹사(猛射)하고 … 이어 피아 5000미터 이내에 접근하자 우리 포화는 더욱 맹위를 떨쳐 적의 선두에 있던 스와로프 및 알렉산드로3세는 화염에 휩싸이고 그 이외의 제함(諸艦)도 연이어 화염을 일으키며 …

이 해전사에는 정자전법이란 용어는 사용하지 않은 채, 시간대별로 전투상황을 담담하게 기술하고 있을 뿐이다. 이처럼 일본 해군은 공식해전사에서는 쓰시마해전에서 정자전법으로 싸웠다는 표현을 쓰지 않았지만 발틱함대와의 전투에 대비한 전책(戰策), 즉 작전계

---

5 당시 일본 해군이 발간한 공간전사와 달리, 일반에 발표하지 않은 '극비전사(極秘戰史)'《극비 메이지 삼십칠팔년 해전사》에도 역시 정자전법이라는 용어는 없다. 그러나 쓰시마해전 전년도인 1904년 8월 10일, 역시 도고 헤이하치로가 연합함대사령관으로서 지휘하고, 아키야마가 참모로 작전을 수립했던 러시아 여순함대와의 황해전투에 대해 러일전쟁 공식 해전사는 "제1전대는 1시 30분 … 일제 회두를 실행하여 미카사(三笠)를 선두로 하는 단종형으로 복귀한 뒤 남서로 급히 항해하여, 적의 진열에 대해 정자를 만들어 그 최전선에 탄환을 집중시켜…"(《메이지삼십칠팔년해전사》 제1권, 294쪽)라고 정자전법을 기술하고 있다.

획을 세울 때 정자전법을 사용한다는 방침은 결정(1904년 1월 9일)해 놓고 있었다. 그리고 쓰시마해전을 한 달 여 앞둔 1905년 4월 2일 전책에서는 "단대(單隊)는 정자전법으로 싸우며, 이대(二隊) 이상의 경우는 을자전법(乙字戰法)으로 싸운다"는 보다 구체적인 계획을 세워놓고 있었다. 을자전법이란 적함대를 이대(二隊) 이상으로 협격(挾擊)하는 것이다. 실전에서 연합함대는 일렬횡대의 단대를 취했기 때문에 을자전법은 채택되지 않았다.

일본 신문 통해 알려진 정자전법

정자전법이란 용어는 일본 신문을 통해서 일반인에게 알려졌다. 쓰시마해전 약 1개월 후인 1905년 6월 30일자 〈도쿄아사히신문(東京朝日新聞)〉에 '일본해해전담(日本海海戰談), 연합함대 참모씨(參謀氏)'라는 제목의 기사에 정자전법이 소개되었다. '연합함대 참모씨'란 바로 아키야마 참모를 의미한다. 이때 아키야마는 아직 진해만에서 귀국하지 않았는데, 이 같은 기사를 만들어 언론에 알린 것은 러일전쟁 당시 대본영 해군부에서 오늘날의 정훈참모 비슷한 업무를 보고 있던, 앞서 언급한 해군대학교 교관 출신 오가사하라 나가나리 중좌(1904년 7월 승진)였다. 이 기사에는 다음과 같은 구절이 있다.

도고 대장이 이전 책정한 전술은 우리 해군에서는 정자전법, 을자(乙字)전법이란 것으로, 이것 또한 별단 신기한 전법이 아니고, 구미제국에서는 알지 못하는, 우리나라에서는 멀리 수백 년 전의 수군 이전부터 이 전술은 있었던 것입니다.

이 기사에서 오가사하라는 정자전법을 쓰시마해전의 승인이라고 규정하지 않은 채 단지 정자, 을자전법에 대해 설명하고 있을 뿐이었다. 이처럼 러일전쟁 직후 일본 해군은 공식 해전사에서도, 오늘날의 정훈참모 격인 오가사하라도 쓰시마해전의 승인을 정자전법이라고 주장하지 않았다. 그러나 러일전쟁 4년 후, 전술했듯이 아키야마 본인이 쓰시마해전은 개전 '30분간'의 포격전으로 이미 끝이 났다고 되풀이하여 강조하자, 일본언론은 이를 쓰시마해전의 결정적인 승인으로 보도하기 시작했다. 쓰시마해전의 승인을 명확히 하며 불과 '30분' 만에 러시아함대를 해치웠다는 이 표현은 많은 일본인들이 매우 자랑스러워 하며 널리 회자돼 갔다.

해군 중장을 끝으로 전역(1921년)한 오가사하라는 원수 도고 곁에서 비서실장 같은 역할을 하면서 '도고성웅화'를 위한 전기출간 등의 뒷바라지를 했다.

오가사하라가 편찬한 방대한 분량(878쪽)의《도고원수상전(東鄉元帥詳傳)》(1921년)에 아키야마의 '초전 30분에 상황 끝' 해석을 집어넣어, '이에 대해 득의(得意)의 정자전법을 선명하게 실현하고, 이로써 우리는 완승했다', '이 결정적인 승리를 얻은 주 원인은 [도고의] 침로좌절(針路左折)의 영단(英斷)에 있음을 잊어서는 안될 것'이라고 극찬한다. '침로좌절'이란 연합함대가 발틱함대 앞에서 왼쪽으로 크게 꺾은, '적전대회두'를 말한다.

현대 일본의 저명한 해전사 연구가들은 이때까지만 해도 아직 '적전대회두' 또는 도고의 이름을 따 '도고 턴(Togo turn)'과 같은 강렬한 느낌을 주는 캐치프레이즈는 생겨나지 않았다고 분석한다. 이 같은 표현은 메이지나 다이쇼시대에 태어난 것이 아니라 일본이 만주사변(1931년) 등 중국대륙에 대한 침략전쟁을 본격화하던 쇼와시대(1926~1989년) 초기 무렵에 만들어졌다. 이 같은 표현 덕분에 도고의 이미지는 급격히 쓰시마해전의 '개선 제독'을 넘어 '군신(軍神)', '성장(聖將)' 등으로 신격화되어 갔다. 어쨌든 도고가 지휘한 쓰시마해전은 공식해전사와는 달리 도고의 영단에 의한, '도고 턴'에 이은 정자전법으로, 일본 해군이 발틱함대를 궤멸시킨 전투로 널리 알려지게 됐고, 도고를 '세계적인 명장'의 반열에 올려놓은 것이다.

야키야마, 이순신과 학익진 일절 언급 없어

정자전법과 학익진을 비교하기 전에 이순신이 1592년 7월 8일 학익진으로 싸운 한산해전을 잠깐 살펴보자.

이순신은 바다가 좁고 수심이 얕은 견내량에서 일본 수군을 한산도 앞바다로 유인하여 학익진으로 적을 쳐부순 장면을, 장계(狀啓)에서 다음과 같이 임금에게 보고하고 있다.

그래서 바다 가운데로 나와서는 다시금 여러 장수들에게 명령하여 학익의 진을 벌려서 한꺼번에 진격하여(及出洋中更令諸將鶴翼列陣一時齊進)

...

　이 장면을《징비록》에서는 다음과 같이 묘사하고 있는데, '학익'
대신 '파열(擺列)'이란 표현을 사용하고 있다.

　아군의 배를 퇴각시키니 적은 매우 기뻐하며 앞다투어 좁은 해협을
　빠져 나왔다. 이때 이순신이 북을 한번 치니 아군은 일제히 배를 돌리
　고 바다 한가운데 도열하여(諸船一齊回棹擺列於海中) 적의 배와 정면 대
　치하니 그 사이의 거리는 겨우 수십 보였다.

　《징비록》을 참고로《조선이순신전》을 집필한 세키 고세이는 이
대목을 '좌우에 날개를 만들어 숙연히 해중에 삼열하여 양군 함대간
거리는 거의 당착하여…(左右ノ翼ヲ作リ肅然海中ニ森列ス兩軍ノ船艦殆ン
ト撞着シテ…)'로 적었다.
　한편 오가사하라의 해군대학교 교재《일본제국해상권력사강의》
에는 이 장면을 '아군이 앞을 다투어 거제도 서안 해협을 지나자 이
순신이 먼저 넓은 곳으로 나서 북을 크게 울림과 동시에 제선(諸船)은
일제히 선회하여 당당한 진세를 펼치면서 아군의 열을 어지럽게…(諸
船乍チ旋回シテ堂々タル陣勢ヲ張リナガラ我軍ノ列ヲ亂ダシテ…)'라고 묘
사하고 있다. 세키와 오가사하라는 학익진이란 용어를 사용하지는
않지만, '좌우에 날개를 만들어', '일제히 선회하여 당당한 진세를 펼
치면서'라는 표현으로 각각 학익진을 설명하고 있다고 하겠다.

이처럼《징비록》,《조선이순신전》,《일본제국해상권력사강의》에는 이순신이 일본 수군을 상대로 학익진을 펼치는 장면이 있지만, 그 구절은 이순신의 장계와 같은 내용이다.

동서고금의 전사연구를 강조한 아키야마

연합함대가 펼친 정자전법은 일렬횡대의 형태로 적함대의 진로를 가로막아 공격하는 학익진과 같은 개념으로 볼 수 있다.

그러나 전술했듯이 당시 일본 해군은 연합함대 작전참모 아키야마의 주도로 입안, 실전에 사용한 정자전법과 동양에서 고대시대부터 전해져 오는 학익진과의 연관성은 일절 언급치 않고 있는 것이다.

정자전법을 입안한 아키야마는 미국과 영국에서 3년간 서양의 해군전술을 연구하고 왔으나 서양의 전술을 채택하지 않았다. 오히려 그는 당시로부터 500여 년 전의 일본의 전술을 기본으로 삼아 서양의 전술을 넘어서는 것을 만들어, 연합함대의 전술로 실전에 사용해 대성공을 거두었다는 평가를 받는다.

아키야마는 쓰시마해전 이후 해군대학교 교관시절 생도들에게 "동서고금의 전사를 연구하고, 각종 병서를 독파하지 않으면 안된다. 각종의 전사와 병서로부터 얻은 것을 자신이 다시 고쳐 생각해, 이것이다 하는 것을 찾는다면, 그것이 바로 제군들의 병리(兵理)다"라고 가르쳤다.

당시 일본 해군에서 가장 뛰어나고 천재적인 전략가이자 전술가로 인정받고 있던 아키야마는 생도들에게 동서고금의 전사를 연구해야 한다고 가르쳤던 만큼 전사에 해박했을 것이다. 따라서 아키야마는 이순신이나 이순신이 한산해전에서 학익진으로 일본 수군을 대파한 사실 등을 알고 있었다고 해도 크게 무리는 아닐 것이다.

그러나 아키야마가 쓰시마해전 이후 중장으로 병사(1918년)할 때까지 저술, 강연 등에서 이순신이나 학익진에 대해 언급했다는 기록은 없다.

아키야마는 구미 유학파의 엘리트 장교로서, 일본 해군의 역사적 대승을 이끈 일등공신이다. 따라서 그로서는 당시 일본인들이 미개한 약소국으로 간주하고 있던, 조선의 옛 무장인 이순신이나, 이순신이 일본 수군을 물리치는 데 사용했던 학익진 같은 전법을 굳이 거론할 필요가 없었을지 모른다. 후술하겠지만 도고도 마찬가지로 이순신이나 학익진에 관해 직접 언급한 사실은 없다.

연합함대가 발틱함대에 대승을 거둔 것은, 정자전법을 썼기 때문만은 아니다. 여러 요인이 복합적으로 작용해 승리한 것이다.

연합함대는 전함 수에서는 발틱함대와 비슷했지만 전략과 전술뿐만 아니라 훈련, 사기, 규율, 정보 등 거의 모든 면에서 발틱함대의 그것보다는 월등히 뛰어났다는 점이 대승을 가져온 요인이다.

일본함대와의 전투를 위해 급조된 발틱함대는 멀리 북유럽에서 아프리카를 돌아, 인도양을 거쳐오면서 7개월여의 긴 항해로 인해 장병들은 극도로 지쳐 있었을 뿐 아니라 당시 러시아 국내 정치 상황의 불안, 지휘관의 작전미숙, 훈련부족, 정보부족, 군기해이 등으로 참패하고 말았다.

러시아를 격파한 일본의 육해군 합동작전

임진왜란 중 히데요시는 휘하 장수들에게 임진년 일본 육군이 파죽지세로 평양, 함경도까지 진출했으나 결국 일본군이 실패한 것은 수군이 대패하여 해륙상응(海陸相應), 즉 육군과 수군이 합동하여 효율적으로 작전을 펴지 못한 것이 주원인이라고 부하들을 질타했었다.

그러나 300여 년 후 러일전쟁 중 일본은 육군과 해군의 합동작전으로 러시아가 청나라로부터 조차하고 있던 요동반도 남단의 군항 여순요새를 함락시켰다. 바로 여순공방전(1905년 1월)이다.

일본 해군은 발틱함대와의 결전을 앞두고 먼저 러시아가 장악하고 있는 여순요새를 함락시켜 그곳에 기항하고 있는 러시아 여순함대(태평양 제1함대)에 타격을 가하는 것이 급선무라고 판단, 육군에 협조를 요청하고 있었다.

당시 연합함대 참모 아키야마는 여순함략 작전을 지휘하고 있는 육군 만주군 제3군 사령관 노기 마레스케(乃木希典, 1849~1912년) 대장에게 육군이 여순항 뒷쪽에서 항만쪽으로 포격을 가해 요새를 함락시키고 정박하고 있는 러시아함대를 공격해야 한다는, 해군의 입장과 당부를 매일 같이 편지로 보냈다. 그 가운데는 다음과 같은 내용의 편지(1904년 11월 30일)도 있었다.

실로 '203고지'의 점령 여부는 대국적으로 보자면, 제국의 흥망에 관한 것이므로, 부디부디 결행을 바랍니다. … 여순의 공략에 4~5만의 용사를 잃는다 해도 그렇게 큰 희생이 아닙니다. 피아 모두에게 국가

존망에 관한 일이 되기 때문에.

총 13만 명에 이르는 일본 육군의 만주군 제3군은 3차례에 걸친 총공격으로 전사상 및 전병자가 9만 명에 달하는 엄청난 피해를 입으면서 여순항 후방의 203고지를 함락(1904년 12월 5일)시켰다. 이어 산 너머 여순항에 정박 중인 러시아함대에 포격을 가해, 결국 해군과 아키야마가 희망하는 대로 1905년 1월 여순을 함락시켰다.

일본은 육해군의 합동작전으로 여순요새를 함락시킴에 따라, 4개월 후 해군 단독의 쓰시마해전에서도 러시아에 대승하는 발판을 마련했다고 할 수 있다. 임진왜란에서는 보여주지 못한 육군과 해군이 호흡을 맞춘, 해륙상응의 합동작전이 성공한 것이다. 일본은 여순을 함락시킨 데 이어 해군이 단독으로 벌인 쓰시마해전에서도 압승을 거뒀다. 300여 년 전 이순신에게 패한 설욕을, 대신 러시아에 한 셈이라고나 할까.

하지만 이순신을 존경한 메이지 해군의 뛰어난 작전과 전투력 등으로 일본이 러일전쟁에서 승리함에 따라 가장 큰 피해를 입게 된 것은, 다름 아닌 한국이었다.

발틱함대가 전멸하고 국내에서 혁명(러시아 제1차 혁명)이 일어날 움직임이 나타나는 등 러시아 국내정정이 불안해지자 제정(帝政) 러시아 황제 니콜라이 2세는 시어도어 루스벨트 미국 대통령의 중재에 응해 미국 포츠머스에서 일본과 강화조약(1905년 9월)을 맺는다.

조약의 주요 내용엔 일본에 요동반도 및 사할린 남반부 할양 등과 함께 '러시아는 조선에 대한 일본의 우선적 제 권익을 보장한다'

는 조항도 포함돼 있었다. 이 조항은 러시아가 일본의 한국 지배권을 인정한다는 의미에 다름 아니다. 이에 앞서 러일강화조약 체결 직전 윌리엄 태프트 미국 육군장관과 가쓰라 타로(桂太郞) 일본 총리 간의 '가쓰라·태프트 밀약'에서 미국은 한국에서 일본의 우선적 지배를, 일본은 미국의 필리핀 지배를 상호 인정했다.

중국은 청일전쟁에서 패함으로써 조선에 대한 종주권을 상실했고, 그로부터 10년 후 러시아는 한국에 대한 지배권 장악을 놓고 벌인 러일전쟁에서 패배함으로써, 일본의 한국지배를 열강이 인정하는 셈이 되었다. 동양의 작은 섬나라, 일본이 동아시아의 맹주 중국과 러시아라는 대국을 잇달아 격파함으로써 고대 이래 유지돼 오던 '조공책봉' 체제, 즉 중국을 중심으로 한 동아시아 지배구조가 붕괴되는 지각변동이 일어난 것이다.

일본은 러일전쟁에서 승리한 뒤 곧 바로 을사늑약(1905년), 한국통감부설치(1906년), 한국강제병합(1910년)등 한국 지배를 위한 야욕을 착착 진행시켜 나갔다. 대만에 이어 한국을 식민지로 삼는 데 성공한 일본은 각각 총독부를 설치하여 식민통치를 강화해 나가는 한편 만주사변(1931년)에 이어 중일전쟁(1937년), 태평양전쟁(1941년)으로 확전, 본격적인 대륙침략전쟁에 나선다.

5   이순신과 도고 헤이하치로

이순신 발탁과 도고 기용

임진왜란 직전 당시 조선 조정에서는 신립의 수군을 폐지해야 한다는 주장이 강력한 지지를 얻어 수군 폐지 일보 직전까지 가는 위기가 있었으나 이순신의 수군 존치 주장 등으로 어렵사리 살아남았었다.

메이지시대 일본에서는 육군과 해군 중 어느 쪽을 국방의 주체로 할 것인가를 두고 육·해군 간에 주도권 싸움이 있었다. 메이지 초기 일본의 국방사상은 육군이 주체이고 해군이 뒤따르는 '육주해종'이 아니라, 해군이 주체이고 육군이 뒤따르는 '해주육종'이었다.

메이지 초기 신정부에서는 양이(攘夷), 즉 '서양 오랑캐'를 어떻게 물리치느냐가 당면한 큰 과제 중의 하나였다. 당시는 일본에 구미 열강의 통상요구 등 서세동점(西勢東漸)의 파고가 들이닥치던 때였다.

따라서 군정개혁의 주안점은 해방(海防), 즉 바다를 방어하는 쪽에 맞춰져 있었다. 그러나 유신 후 일본 각지에서 구사족(舊士族)들의 반정부운동과 농민들의 반란이 잇달아 일어나자 바다방어보다는 반란을 진압해 국내를 안정시키는 일이 더 급선무가 되었다.

이 같은 사정으로 '해주육종'론에서 '육주해종'론으로 전환된 것이다. 특히 사쓰마(薩摩, 현재의 가고시마(鹿兒島)현)번 세력이 유신정부에 맞서 싸운 세이난(西南)전쟁(1877년)에서 사쓰마번 세력이 몰락하고 이토 히로부미(伊藤博文, 1841~1909년), 야마가타 아리토모(山縣有朋, 1838~1922년) 등 조슈벌(長州閥, 현재의 야마구치(山口)현) 세력이 정계와 육군을 장악하자 참모본부 조령(條令)을 개정(1886년), 해군이 육군의 밑으로 들어가는 상황이 되었다.

이렇게 해서 '육주해종'론이 국방사상의 주류를 형성하고 있는 가운데 사쓰마 출신을 주력으로 하는 해군 측이, 다시 '해주육종'론을 강조했다. 그러나 조슈벌이 장악하고 있는 정계와 육군 측에 그 주장은 먹혀들지 않았다. 이에 해군 측은 지금은 육군과 해군의 주종을 다툴 때가 아니라, 둘을 대등하게 해야 한다는 '육해대등론(陸海對等論)'을 주장했다.

육군과 해군 간에 주도권을 둘러싼 논전이 수년간 계속되는 가운데 해군은 조직 쇄신에 나서는 한편, 청일전쟁을 앞두고는 연합함대를 처음 조직(1894년 7월)했다. 연합함대는 청일전쟁이 시작되자 압록강 하구 앞바다에서 벌어진 황해전투(1894년 9월)에서 청국함대를 격파하는 등 일본의 청일전쟁 승리에 크게 기여했다.

청일전쟁 후 일본은 러일전쟁에 대비하기 위해 강병정책을 추진하면서 대대적인 군비확장에 나섰다. 해군은 2억 엔이 넘는 거액을 들여 이른바 '66함대(전함 6척, 일등순양함 6척)' 건조에 총력을 기울였고, 1898년 해군상에 임명된 사쓰마 출신의 야마모토 곤베에는 '육해군은 대등한 입장에서 국방작전에 관한 천황의 막료장이어야 한다'는 내용으로, 전시대본영 조령을 개정해야 한다고 주장했다.

육군 수뇌부는 이 같은 주장을 일축했고, 육·해군 간의 주도권 논쟁은 몇 년간 계속되었다. 1903년, 일본과 러시아 간의 긴장이 고조돼 러일전쟁을 피할 수 없는 상황이 되자 육군이 어쩔 수 없이 양보, 전시 대본영 조령이 개정되어 해군군령부[참모본부]의 독립이 공포되었다. 여기서 '일본 해군의 아버지'라고도 불리는 야마모토 해군상(1852~1933년)은 또 하나의 승부수를 띄웠다.

야마모토는 해군 제1함대사령장관에 도고 헤이하치로, 제2함대사령장관에 우에무라 히코노죠(上村彦之丞), 제3함대사령장관에 가타오카 시치로(片岡七郎)를 임명하고, 이들 3개 함대를 합쳐 연합함대를 만들면서 그 사령장관에 도고를 임명한 것이다. 이들은 모두 사쓰마 출신이었고 도고는 가장 연장자였다. 도고는 제1함대사령장관에 임명되기 전 상비함대사령장관, 그 직전에는 한직인 마이즈루(舞鶴)진수부(鎭守府) 사령장관 자리에 있어 옷을 벗을 것으로 예상되고 있었다.[1] 그러나 야마모토는 도고가 실전 경험이 풍부하고, 가장 뛰어난 전략가라고 판단해 그를 발탁했다.

---

1 당시 일본 해군은 요코스카(橫須賀), 구레(吳), 사세보(佐世保), 마이즈루 4개 군항에 소관 해군구(海軍區)의 경비, 방어에 관한 업무를 담당하고 소속부대를 감독하기 위해 진수부를 설치했다. 마이즈루 진수부는 다른 3개 진수부에 비해 중요성이 상대적으로 떨어지는 B급 지역이었다.

서울 광화문 광장의 이순신 동상(왼쪽)
도고 헤이하치로 연합함대 사령장관

도고는 당시 일본 해군에서 매우 특이한 경력을 가진 존재였다. 1847년, 사쓰마에서 하급무사의 4남으로 태어난 그는 16세 때, 사쓰마번의 수군에 들어가 사쓰마번이 영국해군을 상대로 벌인 사쓰에이(薩英)전쟁(1863년)에 참가하는 등 수차례의 실전경험을 했다. 도고는 사쓰에이전쟁에서 영국함대의 위력과 사쓰마가 입은 엄청난 피해에 놀라 '바다로부터 오는 적은, 바다에서 막지 않으면 안된다'고 생각하게 됐다.

유신 신정부 출범 후 해군 견습사관으로 임명된 도고는 1871년, 해군의 해외파견(12명)계획에 선정되어 영국유학을 떠났다. 당시 24세였던 그는 연령초과로 영국 해군사관학교에 입학이 허용되지 않자 상선학교에 들어가 8년간 유학한 뒤 귀국했다.

그는 청일전쟁 때는 나니와(浪速) 함장으로 참전해 풍도(경기도 안산 앞바다)에서 청나라 병사를 가득 실은 영국 상선 고승(高陞)호가 정선(停船) 경고에 응하지 않자 격침시켰다. 영국은 당시 세계최강국이었다. 영국을 자극했으니 무슨 일이 일어날지 모른다며 총리 이토 히로부미 등 일본정부 고위층은 전전긍긍했다. 그러나 도고는 영국 상선 격침은 국제법상 아무런 문제가 없다며 흔들리지 않았고, 이때의 침착한 대응으로 높이 평가받았다.

그런데 당초 연합함대 사령장관에는 야먀모토 해군상의 죽마고우이자 해군병학료 동기생인 히다카 소노죠(日高壯之丞) 상비함대사령장관이 기용될 것으로 알려졌었다. 그러나 야마모토는 맹장으로 불리며, 고집이 센 히다카 대신 후임에 냉정하면서도 과단성이 있으나, 제멋대로 행동하지 않는 성품의 도고를 기용했고, 두 달 후엔 도고를 연합함대 사령장관에 임명한 것이다. 이에 히다카가 야마모토를 찾아가 단검을 내밀며 "나를 찔러 죽이라"고 항의하는 등, 이 인사를 둘러싼 소란이 해군 안팎에서 일어나자 천황이 야마모토 해군상을 불러 히다카 교체 이유를 물어보는 일막도 있었다.

그러나 야마모토는 '전시에 함대는 중앙의 통제 하에 일사분란하게 움직이지 않으면 안된다. 이를 위해서는 도고가 최적임자'라며 이를 일축했고, 전투와 관련한 현장의 모든 권한을 도고에게 일임했다. 야마모토는 일본의 명운이 걸린 러시아와의 일전을 앞두고 도고가 해군 본부의 지시와 명령을 충실하고, 또 확실하게 실행하는 최적임자라고 판단하고 흔들림 없이 그를 연합함대 사령장관에 임명한 것이다. 야마모토는 이 인사와 관련해 천황에게 설명할 때 '도고는 운이 좋은 사내이니까요'라고 답했는데, 전술했듯이 도고는 실전에서도 운이 따랐다.

임진왜란을 앞두고 류성룡이 이순신을 전라좌수사로 발탁해 조선 수군의 승리, 나아가 일본의 조선침략을 저지하는 데 결정적인 역할을 했듯이 야마모토 해군상이 자국의 운명이 걸린 발틱함대와의 결전을 앞두고 도고를 발탁하고, 도고의 능력을 믿고 전투에 관한 전권을 부여한 것이 승리를 가져온 중요한 요인이라고도 할 수 있다.

'군신', '성장'으로 추앙받은 도고

시바 료타로는 일본민족에겐 이순신 같은 명장이 없다고 아쉬워

했지만, 쓰시마해전에서 일본에도 바다의 명장이 탄생했다. 바로 도고 헤이하치로다. 전술했듯이 그는 쓰시마해전 승리 후 일본 조야의 열광적인 환영을 받았던 '개선(凱旋)제독'을 넘어 '군신(軍神)', '성장(聖將)'으로 추앙되어 오늘에 이르고 있다.

쓰시마해전 직후 영국 언론 등이 도고를 '동양의 넬슨'으로 보도함으로써 도고는 세계적으로 유명해졌다. 당시 서양에 대해 열등감을 느끼고 있던, 일본인들은 서양 언론이 도고를 '동양의 넬슨'으로 비유하는 것을 매우 자랑스럽게 생각했다.

도고는 쓰시마해전 직후 이토 스케유키(伊東祐亨) 해군군령부장에게 보고한 '전투상보'에서 "천우(天佑)와 신조(神助)에 의해 우리 연합함대는 5월 27, 28일 적의 제2, 제3함대와 일본해에서 싸워 드디어 적을 거의 전부 격멸하게 되었다"고 적었다. 도고는 러일전쟁이 끝난 뒤 연합함대 해산식(1905년 12월 21일)에서는 "신명(神明)은 다만 평소의 단련에 의해, 싸우지 않고 이미 이기는 자에게 승리의 영광을 안겨줌과 동시에 일승에 만족하여 평안에 안주하는 자로부터는 곧 바로 그것을 빼앗는다. 옛 사람이 이르기를 '이겼을 때 방심해서는 안되며 더욱 조심해야 한다' 고 했다…"(〈연합함대해산지사(聯合艦隊解散之辭)〉)고 강조했다. 일본의 무사, 나아가 동양의 무인다운 겸손과 유비무환(有備無患)을 역설하고 있다.

특히 도고는 아키야마 참모가 기초한 이 연합함대 해산 훈시에서 "해군은 항상 만전의 해상전력을 보유하여 일단 유사시의 경우, 즉시 그 위급에 대응할 수 있는 준비가 필요하다"는 등 해군력의 중요성을 강조했다. 이 연설은 일본이 1945년 8월 제2차 세계대전에서

일본인으로서는 처음 미국 시사주간지 〈타임〉 표지(1926년 11월 8일호)에 등장한 도고
헤이하치로 연합함대 사령장관

패전하기 전까지 일본 국민들에게 널리 읽혀졌으며, 시어도어 루스벨트 미국 대통령은 이를 영어로 번역해 미국 육·해군 장병들에게 배포해 읽게 했을 정도다. 후일 미국 시사주간지 〈타임〉에는 일본인 중에서 최초로 도고가 표지인물(1926년 11월 8일호, 사진 참조)로 실렸다.

도고가 일본 해군사에서 가장 위대한 명장이 된 것은 물론 쓰시마해전에서 대승했기 때문이라는 점은 말할 것도 없다. 그러나 그가 '성장 도고'로 불리게 된 것은, 일본이 군국주의로 치달았던 1920년대 후반 이후의 정치, 사회적 분위기와 더불어 도고의 '사설부관(私設副官)'이라고도 불렸던 오가사하라의 홍보 노력 등이 복합적으로 작용했기 때문에 가능했다고 할 수 있다. 오가사하라는 일본 해군의 청일·러일전쟁 해전사 편찬업무에 관여했고, 이후《도고원수의 위업(東鄉元帥の偉業)》(1935년),《대도고(大東鄉)》(1943년) 등 십여 권의 관련 저작을 출간해 쓰시마해전 이후 도고를 일본의 영웅, 나아가 서양에 '동양의 넬슨'으로 알리는 데 크게 기여했다.

이처럼 '명장 도고'의 탄생이 가능했던 것은 이순신에겐 없었던 천재적인 작전참모와 홍보전문가가 곁에 있었고, 도고는 일본이 군국주의로 치달았던 1930년대 초까지 살아남아 그 시대에 필요한 '영웅', '성장'의 요건을 두루 갖춘 적임자라는 시운도 따랐기 때문이다.

도고뿐만 아니라 아키야마도 러일전쟁 전체에 대하여 '천우의 연속이었다'고 말했다. 쓰시마해전의 대승을 이끈 주역인 두 사람 모두 이처럼 승리 앞에 겸손했으나 사실은 운도 따랐다. 연합함대 기함 미카사는 5월 27일 첫날 전투에서 일본함대 가운데 가장 큰 피해를 입었고, 111명의 사상자가 났다. 도고는 함교는 위험하니 실내인 사령탑으로 들어가라는 참모들의 권유에 "나는 나이도 먹을 만큼 먹었으니 괜찮다. 여기에 있겠다"며 쌍안경과 장검을 양손에 잡은 채, 발틱함대의 움직임만을 응시하고 있었다. 아키야마는 참모장과 함께 도고 옆을 지켰다. 이날 미카사를 향해 엄청난 양의 포탄이 퍼부어졌으나, 도고의 말대로 천우신조 덕분인지 두 사람은 아무런 피해를 입지 않았다.

도고는 단 이틀간의 쓰시마해전에서 '천우신조' 덕분에 살아남은 뒤 원수로 승진하고, 동궁(후일의 쇼와 천황) 교육책임자인 동궁어학문소총재(東宮御學問所總裁) 등을 거치며 군신으로 신격화되어 갔다. 한국이 일본에 강제병합되었던 1932년, 쓰시마해전에 앞서 일본연합함대가 잠복 중이었던 거제도 송진포에 도고의 친필을 새긴 러일전쟁승전기념탑이 세워졌다. 한문으로 된 이 비문은 '접적함견지경보연합함대욕직출동격멸지본일천기천랑파고(接敵艦見之警報聯合艦隊慾直出動擊滅之本日天氣晴朗波高, 적함을 발견했다는 경보에 접하여 연합함대는 즉시 출동하여 이를 격멸하고자 한다. 오늘 날씨는 맑으나 파도는 높다)라는 내용이다(구로다 가쓰히로, 《날씨는 맑으나 파고는 높다》, 2017년). 해방 후에 기념탑은 철거되고 윗부분 3분의 1 언저리에서 두동강이 난 석비(세로 1.6미터, 가로 0.6미터의 화강암)는 장목면 지서 앞 하수구 덮개로 사용되다가, 1980년대 초 도고의 친필임을 확인하고서 이후 거제 시 창고에 보관 중이다.

1934년, 도고가 87세로 사망하자 국장으로 장례가 치러졌다. 도고가 사망했을 때 초등학교 학생이 "도고원수인데도 죽느냐?"고 한 말이 신문에 보도돼 화제가 되었을 정도로 그는 당시 일본국민들에게 불사조 같은 존재로 여겨지며 신격화되고 있었다. 도고의 장례식 때 연합함대 참모로 참전했던, 한 퇴역제독은 오가사하라에게 "도고는 당신이 만들었다", "당신의 도고 관련 저서와 강의에 윤색이 너무 지나쳐, 일본역사를 오도하고 있다는 우려가 있다"고 말할 정도였다.[2]

도고 사후에는 도쿄 도심인 하라주쿠(原宿)에 그를 기리는 도고 신사가 세워졌고, 후쿠오카(福岡)현 후쿠쓰(福津) 시에도 신사가 건립되었다. 사이타마(埼玉)현 항노(飯野) 시에는 도고가 제막식에 참석한 가운데 건립된 동상과 도고공원이 만들어졌고, 그의 고향인 가고시마 시 등에도 동상이 세워졌다.

도고는 이순신과 자신을 비교하지 않았다

세키 고세이가 1892년 처음 이순신과 넬슨을 비교, 언급한 이래 쓰시마해전이 끝난 뒤에는 이순신, 넬슨 두 사람이었던 동서양 바다의 명장에, 도고도 이름을 올리게 된 것이다. 그런데 한국에선 도고와 넬슨을 비교할 수 있지만 자신은 이순신과 상대가 안된다고 말했다는, 한국인이 듣기에 좋은 이야기가 널리 퍼져 있다.

이 이야기의 발단은 1964년 일본에서 발행된 잡지에 실린, 도고가 이순신을 칭찬했다는 다음과 같은 기사다. 짤막한 이 글은 해방 후

---

2 야마지 가즈요시(山路一善, 1869~1963년), 아키야마 사네유키와 해군병학교 동기생(제17기)으로 해군중장 예편.

일본에서 가장 먼저 나온 이순신 관련 문건이다.

> 도고가 쓰시마해전에서 대승을 거두고 개선한 후 개최된 축하석상에
> 서 어떤 사람이 아첨하면서 말했다. "이번 대승리는 역사에 남을 위대
> 한 것이다. 바로 트라팔가 해전에서 나폴레옹을 패배시킨 넬슨제독과
> 필적할 수 있는 귀하는, 군신이다." 도고는 이에 답해, "칭찬해주어 감
> 사하나, 내가 생각하기에는 넬슨이란 사람은 대단한 인물은 아니다.
> 정말 군신이라는 이름의 가치가 있는 제독이 있다면, 그것은 이순신
> 정도의 인물일 것이다. 이순신에 비하면, 나 자신은 하사관에도 미치
> 지 못하는 사람이다."
>
> _____ 안도 히코타로(安藤彦太郎) 등 편, 〈일한중삼국인민연대의 역사와 이론
> (日.韓.中三國人民連帶の歷史と理論)〉, 1964년, 일본조선연구소

그러나 도고가 쓰시마해전에서 개선한 직후 공개 축하석상에서
이와 같이 말했다면, 도고의 발언록이나 당시 일간지 등에 이 기록이
남아 있을 법하지만 없다. 오가사하라가 도고에게 직접 물어보고, 작
성한 원고를 도고와 해군 당국이 체크까지 한 도고정전(正傳) 격이라
고 할 수 있는《도고원수상전》(1921년)을 비롯해 오가사하라 편저의
《성장도고전전(聖將東鄕全傳)》(1940년)은 물론 여타 수많은 도고 평전
에도 이와 관련한 기록은 없다.

출처가 불분명한 이 이야기는 이후 한국과 일본의 이순신 관련
에세이류 등에 "그러나 넬슨이라면 몰라도 이순신에 비유하는 것은
당치도 않습니다. 불초 도고 같은 놈은 이순신의 발 뿌리에도 멀리

미칠 수 없는 놈입니다(김태준, 〈일본에서의 이충무공의 명성〉, 1978년)", "[현양사 두령] 도야마 미쓰루(頭山滿) 옹이 한국실업가 이영개(李英介) 씨와 함께 도고를 만났을 때, 원수가 이 씨에게 '귀국의 이순신 장군은 나의 선생입니다'라고 말했다"(후지이 노부오,《이순신각서》, 1982년)는 식으로 전거 없이 확대 재생산되며, 사실처럼 널리 퍼져 있다. 최근 한국에서는 심지어 도고가 발틱함대와의 결전에 앞서 이순신 사당에 가서 일본의 승리를 빌었다는 이야기로도 발전돼 인터넷, 신문지상 등에 나돌고 있다.

도고는 해군대학교 교장을 두 번 역임하는 동안 해군 장교로서의 교양을 몸에 갖추도록 교양부문을 늘리도록 했다. 그는 각국의 역사, 지리 등에도 밝은 것으로 알려져 있는 만큼 임진왜란과 이순신에 대해 익히 알고 있었을 것이다.

그러나 '과묵의 제독'으로 불렸던 도고가 자신과 이순신, 그리고 넬슨을 포함하여 세 사람을 비교하기는커녕 이순신에 대해 직접 언급했다는 기록조차 필자가 확인해 본 범위에는 없었다.

다만 도고는 영국 유학 중 넬슨이 탑승한 적이 있는 빅토리 호를 수차례 방문해 "넬슨은 각자가 그 본분을 다할 것을 기대한다"는 신호기를 보고 감회에 젖기도 했다고 한다.

도고는 전술한 〈연합함대해산지사〉에서 "옛날 진구(神功)황후가 삼한을 정벌한 뒤, 한국은 400여 년간 우리나라의 지배 하에 있었으나, 한번 해군이 쇠약해지자 이것을 잃어버리고…"라고 말하는 등 그는 당시 보통의 일본인이 가지고 있던 일본고대 신화에 나오는 진구황후의 '삼한정벌설'을 사실처럼 믿고 있었다. 이 연설문을 기초한 아키야마참모도 마찬가지 인식이었다고 할 수 있다. 이 같은 발언으로 미루어 볼 때 도고와 아키야마는 한국을 고대 일본의 속국으로 인식하고 있었고, 당시 후진국이었던 조선을 높이 평가하지는 않았다고 유추해볼 수 있다.

일본교과서에 등장한 이순신

이순신을 '영웅', '명장'으로 평가한 일본의 저작들

〈표 1〉에서 보듯이 1882년 세키 고세이가 《조선 이순신전》을 출간한 이래 일제강점기(1910~1945년)를 거쳐, 현재에 이르기까지 이순신에 관한 글을 쓴 일본의 학자, 군사전문가, 저술가 들은 대체적으로 이순신을 뛰어난 전술전략, 통솔력, 발명·창조의 능력, 충성과 용기에다 훌륭한 인격을 갖춘 '조선의 구국영웅', '세계적인 바다의 명장' 등으로 높이 평가하고 있다.

일제강점기 시절 방대한 분량의 《근세일본국민사(近世日本國民史)》 시리즈를 쓴 언론인 도쿠토미 이이치로(德富猪一郎)는 《도요토미씨 시대-조선역(豊臣氏時代-朝鮮役)》(1922년)에서 이순신을 다음과 같이 격찬하고 있다.

이순신의 죽음은 마치 넬슨의 죽음과 같은 것이었다. 그는 이기고 죽었고, 죽어서 이겼다. 조선역[임진왜란] 7년간, 조선에는 책사, 변사, 문사와 같은 사람은 많았다. 그렇지만 전쟁에 있어서는, 참으로 이순신 한 사람으로, 자랑을 삼지 않으면 안 된다. 아니 일본 수군의 여러 장수들까지도, 끝내 이순신에 대해서는 그가 살아 있을 동안에는 그 뜻을 펼 수 없었다. 그는 참으로 임진란에 있어서, 조선의 영웅일 뿐만 아니라 삼국을 통한 영웅이었다.

1924년에는 개인이 아닌, 일본군 참모본부가 편찬한《일본의 전사(日本の戰史); 조선의 역(朝鮮の役)》에도 조선 수군이 임진왜란에서 연승한 원인으로 조선 수군이 선체건조에 있어서 일본 수군보다 뛰어났다는 점 등을 들면서 이순신을 명장으로 적고 있다.

조선의 군함은 그 크기가 큰 것부터 순서를 말하면 판옥선(板屋船), 협선(挾船), 포작선(匏作船)으로 나눌 수 있다. 이외에 이순신이 새로 창작한 것이라고 하는 귀갑선이 있다 … 조선 육군이 연패한 것에 비해 수군이 연승하여 일본 수군의 서진(西進)을 막은 것은 첫째로 조선의 선체건조가 일본보다 우수했기 때문이다. 그러나 전선의 운용과 무기의 사용은 장수의 좋고 나쁨에 달려 있다. 조선 수군은 명장 이순신을 얻어 처음으로 효과를 보았다. 하지만 순신이 중상모략을 당하고 원균이 대신 수군장수가 되자 게이초(慶長) 벽두[1597년]에 일본 수군은 조선 수군의 대형선 100여 척을 전멸시킬 수 있었다.

이 책은 대체로 조선 수군의 전공을 깎아내리려는 경향을 보이고 있다. 하지만 이순신에 대해서는 사실 위주로 기술하고 있는데 '이순신의 훈공', '이순신의 전사'에 대해서는 별도의 작은 항목으로 특기하고 있다. 일본이 조선을 식민지로 삼고 있는 시점에 일본군 참모본부가 공식전사에서 옛 적장에 대해 이와 같이 기술하는 것은, 이순신의 공적을 객관적으로 평가하는 것이라고 할 만하다.

그러나 전술했듯이 일제가 군국주의 노선을 강화하면서 중국대륙침략을 본격화하던 1920년대 후반부터는 이순신에 대해 터무니없이 혹평, 폄하하는 기술도 보인다.

예를 들면 "이순신은 준비를 제대로 하지 못한 우리 수군을 상대로 했기 때문에 우연히 승리했을 뿐이며 교양 면에서는 우수한 점을 전혀 찾아볼 수 없었다."(스기무라 유지로(杉村勇次郎), 《군사적 비판; 풍태합 조선역(軍事的 批判; 豊太閤 朝鮮役)》, 1922년), "[조선 수군 일부가] 우리 수군을 여러 차례 무찔렀지만 우리 병참선을 위협하거나 방해할 정도이지 적극적인 행동을 할 수 없었으며, 결국 제해권을 장악할 수 없었다."(아리마 세이호, 《조선역수군사》, 1942년)는 등으로 이순신과 이순신이 지휘한 조선 수군의 역할을 혹평하는 식이다.

전술했듯이 조선총독부 산하기관이었던 조선사편수회는 1935년, 정조 대에 편찬(1795년)된 《이충무공전서》를 간행했는데 이는 정조 시대 이래 두 번째다. 조선사편수회는 따로 되어 있던 《난중일기》와 《임진장초》를 한 책으로 묶어 《조선사료총간》(제6), 《난중일기초. 임진장초》라는 이름으로 일본인이 경영하는 서울의 인쇄소(치카자와(近澤) 인쇄부)에서 간행했다.

연도	이름	출처	내용
1892	세키 고세이 (惜香生)	《문록정한 수사시말 조선 이순신전》	조선의 운명을 구한 사람. 조선의 넬슨
1902	**오가사하라 나가나리(小 笠原生長)**	**《일본제국해상 권력사강의》**	**호담활달(豪膽活達)함과 동시에 치밀한 수학 적 두뇌. 장군다운 그릇을 갖춘 인물**
1910	사토 데스타로 (佐藤鐵太郞)	《제국국방사론》	개세의 해군장수. 넬슨은 견줄 수 없고 드 로 이테르에 필적할 만한 인물
1913	**오이케 센쿄 (尾池宜鄕)**	**〈조선의 넬슨 이순신〉**	**한가(韓家)의 일대공신. 넬슨을 서양의 이순신이라고 해야할지 모른다.**
1922	도쿠토미 이이치로 (德富猪一郞)	《근세일본국민사; 풍신시대-조선역》	이기고서 죽고, 죽고서 이긴 조선의 영웅이자 구국의 영웅
1922	아오야기 난메이 (靑柳南冥)	《이조사대전》	천년만년 이어질 영명(英名). 충성스럽고 용감하며 자랑스러운 호걸
1922	스기무라 유지로 (杉村勇次郞)	《군사적비판; 풍태합조선역》	이순신이 강한 것이 아니었다. 우수한 점을 찾을 수 없다
1924	일본군참모본부	《일본의 전사; 조선의 역》	조선 수군은 이순신을 얻어 처음으로 효과를 보았다
1926	사토 데스타로	《절세의 명해장 이순신》	평생 경모한 해장 드 로이테르, 넬슨, 쉬프랑, 패러굿보다 우위에 있고 털끝 만큼도 비난할 수 없는 명장
1928	**나카무라 히데타카 (中村榮孝)**	**〈충무공 이순신의 유보〉**	**조선의 명장. 성룡과 순신은 조선역(朝鮮役)의 쌍벽**
1929	가와다 이사오 (川田功)	《포탄을 뚫고서》	세계제일의 해군장수
1930	사토 데스타로	《대일본해전사담》	불세출의 명장. 절대적인 명장. 동서해군장수의 제1인자
1939	교구치 모토요시 (京口元吉)	《수길의 조선경략》	이순신의 재기로 제해권이 동요. 일본군의 진군불가.경상도연안으로 철수
1942	아리마 세이호 (有馬成甫)	《조선역수군사》	이순신이 일본 수군의 일부에게만 승리. 이순신은 천운과 일본 수군의 준비부족으로 승리

연도	이름	출처	내용
1964	나니와 센타로 (難波專太郎)	〈일인이 쓴 이순신론〉	이조굴지의 명장.이조 5백년 역사상 가장 훌륭한 명장. 한국사에서 샛별처럼 빛나는 유일한 인물.고금에 볼수 없는 명장.
1972	시바 료타로 (司馬遼太郎)	《가도를 가다》	조선의 으뜸 가는 인물. 동양이 배출한 유일한 바다의 명장
1982	후지이 노부오 (藤居信雄)	《이순신각서》	꿈속에서도 미칠 수 없는 영웅. 해신과 신풍(神風)을 의인화한 이미지. 한반도 역사에서 홀로 우뚝 서 있는 구국의 군신. 신장(神將)
1983	기타노 쓰기오 (片野次雄)	《이순신과 수길; 문록경장의 해전》	세계제일의 해군장수.세계에서 제일가는 바다의 지장(智將). 조선을 국난에서 구한 수호신. 하늘이 내린 구국의 명장. 세계굴지의 제독
1989	시바 료타로	《메이지라는 국가》	바다의 명장. 제독으로서 대단한 활약을 한 훌륭한 인물
1991	마키 히로시 (槇浩史)	〈임진란과 이순신의 전략전술〉	해양을 지킨 훌륭한 장수
1994	기타노 쓰기오	《조선멸망》	조선 수군의 명장. 제일의 구국영웅
1995	기타지마 만지 (北島万次)	《도요토미 히데요시의 조선침략》	히데요시의 야망을 산산조각 냄. 충절과 지략으로 나라를 구한 인물
2003	구로다 케이이치 (黑田慶一)	《히데요시의 야망과 오산》	불세출의 수군 사령관. 적군과 아군을 뛰어넘은 군신. 히데요시가 극복할 수 없는 사람.일본군 능력의 근간을 절단. 일본군의 전의 좌절과 보급로 차단
2005	오가와 하루히사 (小川晴久)	〈조선의 수호신〉	조선의 수호신. 한국민족의 가장 훌륭한 자식. 민족을 초월한 이상적인 인간상

표1. 일본인의 이순신 평가
김주식, 〈이순신에 대한 일본인의 연구와 평가〉, (《해양문화재》 제4호, 2011년)에서 인용.
표 가운데 굵은 글씨 항목은 필자 추가.

일본 참고서《중·고교생을 위한 조선·한국의 역사》(헤이본샤(平凡社), 2002년)에 실린
조선 수군의 거북선[원래 명칭은 귀선(龜船)]을 앞세운 해전 장면. 일본에선 거북선을
일반적으로 귀갑선(龜甲船)으로 표기하고 있다.

80년대부터 일본교과서에 등장한 이순신

　일제강점기 일본인들의 이순신에 대한 연구와 저술은 대체적으로 해군장교, 관변학자, 참모본부 등에 의해 이루어졌으나 1945년 8월 일본 패전 이후에는 군관계자들 대신 학자, 소설가, 교육자 등에 의해 이루어졌다. 이들의 저술에서는 이순신을 부정적으로 평가하는 경향은 없어지고 사실관계에 입각해 긍정적으로 평가하는 내용이 대종을 이루고 있다.

　그러나 일제강점기 때와 마찬가지로 일본 패전 직후에도 평범한 일본인들은 이순신을 잘 모르고, 일부 관련 전문가들만 이순신에 대해 알고 있을 뿐이었다. 1960년대 중반 일본에서 한일관계를 연구하는 한 '일조(日朝)우호운동의 활동가'는 "어느 날, 일조우호운동 활동가 모임에서 조선에서 온 우편물에 붙은 우표를 떼어 기념으로 서로 나눠 가질 때, 그 우표에 그려진 이순신이란 인물에 대해 '어떤 인물인지 알고 있느냐?'고 내가 물었으나 열대여섯 명 가운데 한 사람도 몰랐다."(안도히코 다로 등 편, 〈일한중 삼국인민연대의 역사와 이론〉)고 적고 있다. 이는 당시 한일관계에 대해 관심을 가지고 활동하는 일본인들도 대부분 이순신의 이름조차 모르고 있었음을 말해준다.

　1971년 인기작가 시바 료타로의 한국기행문인 《한나라 기행》이 주간지에 연재되고, 연재가 끝난 뒤 단행본으로 출간되면서 보통의 일본인들은 이순신에 대해 처음 알게 된 것으로 보인다.

　이순신에 대한 일본인의 평가, 인식 가운데 특기할 만한 사실은 1980년대 초부터 이순신의 활약상이 일본의 각급 교과서, 참고서 등에도 실리고 있다는 점이다. 한국인으로서 일본 역사교과서에 이름이 나오는 경우는 이순신이 유일하다.

이 무렵 "일본의 소학생[초등학생]들은 도고 헤이하치로를 모른다"(후지이 노부오,《이순신각서》, 1982년)[1], "거의 모든 우리나라 교과서에서 도고의 이름이 사라지고 있는 것은 무슨 이유일까?"(마키 요조(眞木洋三),《제국해군제독총람》, 1990년)라고 일본 지식인들은 개탄하고 있다. 도고가 일본교과서에서 사라지던 시절, 이순신이 일본교과서에 등장하게 된 것은 두 해군 명장에 대한 일본인들의 평가가 역전되었다고도 할 수 있는, 매우 흥미롭고 또 의미 있는 일이라고 할 만하다.

도쿄 시내 서점에 들러 일본사 코너에 꽂혀 있는 각급 학교 학생용의 일본사 책을 펼쳐보면, 임진왜란을 다루는 부분에 이순신에 관한 내용이 거북선 사진과 함께 거의 빠짐없이 기술되어 있다. 그러나 러일전쟁을 다룬 근세사 부분에는 "일본 연합함대는 유럽으로부터 돌아온 발틱함대를 전멸시켰다."(야마카와(山川)출판사,《상설일본사(詳說日本史)》, 2017년)는 식으로 연합함대의 승리는 언급하면서도 도고의 이름이 빠져 있는 경우가 상당수 있다.

1980년대 이후 일본 각종 교과서에 이순신이 소개, 평가되고 있

---

1 후지이 노부오는 《이순신각서》에서 이순신은 알지만 도고는 모르는, 자신의 손자에 관한 에피소드를 다음과 같이 소개하고 있다. "나라(奈良)에 살고 있는 소학교 6학년인 손자에게 '이순신이란 사람, 알까? 한국인 李舜臣…', '리슌신[李舜臣의 일본어 발음]?' 손자는 고개를 갸웃하는 것 같았다. '아, 아, 알아. 알아요. 히데요시의 조선전쟁 때, 히데요시의 해군을 패배시킨 사람. 대단한 사람이야.', '어떻게 그걸 알지? 학교에서 배웠어?', '아뇨, 쇼각칸(小學館)의 《주니어 일본역사》에 써 있었어요.', … '그럼, 도고 헤이하치로, 뭘 했던 사람이지?', '도고…? 그 사람, 누구예요?' 조금 낙담했다."

으나 반대로 비슷한 시기 도고의 이름은 일본사 교과서 등에서 점차 사라지고 있는 것이다. 이 같은 현상은 위안부, 독도, 남경학살 문제 등 역사왜곡을 일삼는 일본에서는 매우 보기 드문 일이다. 일본판 '역사바로잡기'라 할 만하다.

시바 료타로가 러일전쟁과 관련한 수많은 저술과 강연 등에서 이순신을 '조선의 명장', '동양이 배출한 유일한 바다의 명장' 등으로 높이 평가한 것이 일본 초중고 교과서의 집필, 편찬, 검정 과정 등에서 긍정적인 영향을 미쳤을지도 모른다.

현대 일본인들, 대체적으로 이순신 알아

일본교과서에 나오는 이순신 관련 부분을 잠시 살펴보자. 중학교 검정 역사교과서의 '히데요시의 조선침략', '히데요시의 대외정책' 등의 항목에서 "조선 수군의 총대장 이순신은 자주 히데요시의 군대를 괴롭혔지만 최후에는 탄환에 맞아 전사하고 지금도 구국의 영웅으로 되고 있다."(일본서적(日本書籍), 1983년), "그러나 이순신이 이끄는 수군은 일본군의 보급로를 차단하였고…"(오사카서적(大阪書籍), 1983년) 등으로 기술되어 있다.

이후 한일 간에 일본 역사교과서 왜곡문제가 제기되자 일본교과서는 종전 '히데요시의 조선침략'이라고 쓰던 것을 단지 '군대를 보내다'는 의미의 '출병(出兵)'으로 표기해 침략행위를 호도하면서도, 이순신의 활약상은 객관적으로 기술하고 있다.

2000년대 이후 이순신 관련 기술은 80년대보다 자세해져 "조선 각지의 민중의 저항, 이순신이 이끄는 수군, 명의 원군 등으로 고전해, 휴전하고 퇴각했다."(시미즈쇼인(清水書院), 2001년), "조선남부에서는, 이순신의 수군이 일본의 수군을 대파해, 일본의 보급로를 차단했다."(도쿄서적(東京書籍), 2005년) 등으로 되어 있다.

7~8종에 달하는 중학교 검정교과서 중 일부는 이순신을 언급하지 않는 경우도 있으나 대부분의 교과서와 참고서 등은 다루고 있으며, 서울 광화문의 이순신 동상과 일본에선 귀갑선(龜甲船)이라고 부르는, 거북선 등의 사진이 설명과 함께 실려 있는 경우가 많다. 심지어 우익단체인 '새로운 역사교과서를 만드는 모임'이 주체가 되어 한일관계사를 왜곡하는 논조인 '새로운 역사교과서'(후소샤(扶桑社))에도 "조선 측의 이순신이 이끄는 수군의 활약, 민중의 저항과 명의 원군 등으로, 불리한 싸움이 되어…"(후소샤, 2006년)라고 기술되어 있다. 교과서, 참고서뿐만 아니라 세계위인전, 어린이용 위인전, 만화위인전 등에서도 대부분 이순신을 다루고 있다. 일본인이 쓴 이순신 관련 저작 이외에 국내 작가의《임진왜란》(김성한),《칼의 노래》(김훈)가《수길조선의 난(秀吉朝鮮の亂)》(1994년),《고장(孤將)》(2005년)의 제목으로 각각 번역, 출간되었다.

필자의 일본인 지인 중 현재(2018년) 기준 50대 이상의 경우 그들이 학교를 다니던 시절의 역사교과서에는 이순신이란 이름은 없었다고 입을 모은다. 그러나 1980년대 이후 교과서, 참고서 등에 이순신 관련 항목이 기술됨에 따라 현재 50대 이하의 일본인들은 대체적으로 이순신이란 이름과 활동상을 알고 있다.

이처럼 이순신이 전사(1598년)한 후 400여 년의 세월이 흐른 오늘날에도 일본 교과서에도 그의 활약상이 소개되는 이변(?)이 일어나고 있는 것이다. 아마도 이순신은 적국의 후손인 일본 청소년들이 수백 년 후 교과서에서 자신을 배우리라고는 꿈에도 생각하지 못했을 것이다.

7 　이순신과 시바 료타로, 그리고 박정희

이순신을 일본에 널리 알린 시바 료타로

시바 료타로는 '메이지 해군의 이순신 외경'을 1970년대 초 〈주간아사히〉의 연재물 '한나라 기행'에서 처음 언급한 이래 러일전쟁을 다룬 장편소설《언덕 위의 구름》(1978년)과《일한 이해에의 길》(1983년),《메이지라는 국가》(1989년) 등 메이지시대를 다룬 숱한 저술과 강연 등에서도 거론하고 있다.

오사카 출생인 시바 료타로는 오사카외국어대학 몽골어학과를 졸업하고 〈산케이신문〉 기자로 재직하면서 일본에서 가장 권위 있는 문학상인 나오키상(直木賞)을 수상하고서 전업소설가가 되었다. 그는《료마(龍馬)가 간다》,《항우와 유방》 등 일본사, 중국사의 주요 인물, 사건 등을 다룬 수십 권의 역사소설뿐 아니라 기행문《가도(街道)를 가다》시리즈(43권)를 비롯해 문화론, 문명론 등 많은 책을 썼다.

특히 2009년부터 2011년까지 NHK스페셜드라마로 방영되었던 장편소설《언덕 위의 구름》은 누적 발행부수가 2000만 부(2007년 현재기준, NHK의《언덕 위의 구름》방영 '기획의도' 중에서)를 넘을 정도로 인기를 끌면서 시바 료타로는 일본을 대표하는 국민작가 반열에 올랐다.

일본의 많은 사람들이 '교과서 대신 시바 료타로의 역사소설'을 통해 근대사를 배운다고 할 만큼 큰 영향력을 가진 작가가 바로 시바 료타로다. 그의 주요 작품은 신문, 잡지 등에 인기리에 연재된 뒤 책으로 출간되어, 실제 독자는 더 많을 것이다. 한국에도《언덕 위의 구름》을 비롯한 그의 작품들이 번역, 소개되었다. 국내에서도 작고한 한 유명 작가처럼 "시바 씨를 두고 1천 년 일본문학의 전통을 집약적으로 구축한 국민문학의 체현자라고 칭송할 만도 한 것이다 … 그의 사안(史眼)의 뼈대는 분명 일본인의 것이 틀림없었지만 그의 시야는 넓고 인식은 활발했다."(이병주, 〈시바 료타로의 인간과 문학〉, 1991년)고, 극찬하는 견해도 있다.

그러나 그가 집필한 소설 등에서 나타난 역사관, 소위 '시바사관(司馬史觀)'은 여러 가지 문제점을 안고 있다. 시바는 그의 소설 등에서 메이지시대를 근대 일본의 '청춘기', '영광의 시대'라고 규정하는 등 메이지시대를 과도하게 예찬하는 '메이지 영광론'을 주창하면서도, 메이지시대에 이뤄졌던 일본의 조선침략 등 일본의 과(過)에 대해서는 한마디 반성 없이 침묵으로 일관했다.

이순신이 노량해전(1598년 11월)에서 거북선을 거느리고 전투를 지휘하다 적탄을 맞고
전사하는 장면을 그린 현대 일본의 만화.

식민사관을 답습한 '시바사관司馬史觀'

시바 료타로가 오랫동안 살았던 히가시오사카(東大阪) 시는 재일한국인과 조선인이 집단거주하는 지역이었다. 그는 어렸을 때부터 재일한국인과 사귀었고, 작가가 되고 난 뒤에는 재일한국인 작가, 학자 등과도 교류가 깊었다. 그리고 한국을 방문해 기행문을 쓰기도 했고, 한국인 지인도 많았다. 그러나 그는 한국사와 한국에 대해서는 의외로(?) 무지했고, 그의 시각은 오만과 편견에 가득 차 있었다.

이미 고려시대에 화폐주조가 시작되었고 조선시대에는 상평통보가 주조(1678년)되어 널리 통용되고 있었는데도 불구하고, 그는 '이조 500년은 세계에 유례가 없는 화폐 제로의 나라'(1980년 11월 4일 〈아사히신문〉, '김대중 사형 판결'에 대한 작가 시바 료타로 씨의 담화 중에서)라는 어처구니없는 주장을 하는가 하면, 한국기행문에서도 현대화된 도시는 가지 않은 채 낙후된 농촌만 다루면서 '한국 농촌은 이조 500년이 아직도 계속되고 있는 느낌이다', '한국농촌은 상대(上代)농촌의 냄새를 남기고 있다'는 식으로 묘사하고 있다.

뿐만 아니라 그는 '조선사회는 정체하고 있다', '조선은 역사발전으로부터 뒤쳐져 낙오한 사회다'라는 등 1900년대 초부터 일제강점기 시대에 일본인 역사학자들이 주장한 '조선정체론', '조선낙오론'을 그대로 답습하고 있다고, 일본의 저명한 일본근세사 연구자 나카쓰카 아키라(中塚明) 나라(奈良)여자대학 명예교수는 비판(《시바 료타로의 역사관(司馬遼太郎の歷史觀)》, 2009년)한다.

그럼에도 불구하고 이순신에 관한 한 시바 료타로의 논조는 일

일본의 국민작가로 불렸던 시바 료타로(1923~1996년)

관되게 '실존했다는 자체가 기적인 조선의 명장', '넬슨 이전 유일한 바다의 명장' 등으로 극찬하고 있다. 아마도 시바는 일본에서 이순신을 알리는 데 가장 큰 영향을 미친 인물이라 해도 과언이 아닐 것이다. 다른 일본인에 의해 저술된 이순신 관련 단행본이나 논문 등의 발행 부수는《언덕 위의 구름》만 해도 2천만 부에 이르는 국민작가 시바 료타로의 저작과는 비교가 되지 않을 정도이기 때문이다. 물론 시바의 저작이 이순신 개인에 관한 전기가 아니라 러일전쟁 등을 다루면서, 간단히 언급되는 정도라는 한계는 있다. 그러나 시바의 저작을 통해 수많은 일본인들이 이순신의 이름과 활약상을 알게 된 것으로 추정된다.

시바사관의 몇 가지 문제점

시바가《언덕 위의 구름》에서 이순신을 언급하고 있는 대목은 이순신과 관련해 제일 먼저 나온 그의 저작인 한국기행문《한나라 기행》과 일부 중복되지만 해석을 달리하는 부분이 있고, 자료를 잘못 인용한 부분을 스스로 정정하고 있다.《한나라 기행》과 중복된 부분을 제외하고 읽어 보자.

… 여담이지만 이 함대가 진해만을 출발했을 때 어뢰정의 함장 한 명이 "이순신 장군의 영혼에 빌었다"는 기록을 남겼다는 걸 필자는 기억하고 있지만, 그것이 어떤 자료에 있었는지 쉽게 발견되지 않았다.

당시 어뢰정 제41호 함장이었던 미즈노 히로노리(水野廣德)는 전쟁이 끝난 후 '한 해군 중령'이라는 익명으로《전영(戰影)》이라는 책을 썼고, 이보다 전인 1911년에는 저자명을 명기한《이 일전(此の一戰)》이라는 책을 썼다. 이 두 책 중 어딘가에 있었다는 생각이 들어 찾아보았지만 찾을 수 없었다. 또 하나 미즈노와 아주 비슷한 문체로 된《포탄을 뚫고서》라는 것이 있다. 저자는 가와다 이사오(川田功)라는 해군 소좌로 이 시기에는 어뢰정 소위였다. 이《포탄을 뚫고서》를 보니 과연 주인공이 이순신 장군의 영혼에 기도하는 부분이 있었다 … 이순신은 당시 조선의 문무 관리들 중에서 거의 유일하게 청렴한 인물로서 병사를 거느리는 재능과 전술 능력 그리고 그 충성심과 용기를 볼 때 실존했다는 것 자체가 기적이라고 생각될 정도의 군인이었다. 영국의 넬슨 이전에 바다의 명장이랄 수 있는 사람은 이순신을 제외하고는 없다. 이 인물의 존재는 조선에서는 그 후 오랫동안 잊혔지만 오히려 일본인 측에서 그에 대한 존경심이 계승되어 메이지시대에 해군이 창설되자 그 업적과 전술이 연구되었다. 진해만에서부터 부산에 걸친 수역은 일찍이 이 이순신이 그의 수군을 이끌고 일본의 수군을 괴롭혔던 전쟁터였는데 우연하게도 도고 함대는 그 부근을 빌리고 있었다. 이 시대의 일본인은 러시아 제국이 동아시아를 평정하여 자기 세력권에 넣으려 한다고 보았으며 동진해 오는 발틱함대를 그 최대의 상징으로 보고 있었다. 그것을 한 척도 남김없이 침몰시키는 것은 동아시아의 방위를 위한 것이라고 믿었으며, 동아시아를 위한 일인 이상 일찍이 아시아가 배출한 유일한 바다의 명장의 영혼에게 빈다는 것은 당연한 감정일는지도 몰랐다.

시바 료타로의 '시바사관'뿐만 아니라 그의 이순신 관련 언급에도 몇 가지 문제점이 있다.

시바는 조선에서 이순신의 존재가 '조선에서는 오랫동안 잊혔지만'이라고 했지만 류성룡의 《징비록》이 조선 식자층에서 널리 읽힌 데 이어 정조시대엔 《이충무공전서》가 왕명에 의해 간행된 만큼, 임진왜란 이후 이순신이 잊혀졌다고는 할 수 없다. 다만 한말 무렵에는 이렇다 할 이순신 관련 저작이 없어 조선군기물 등과 메이지유신 이후 세키 고세이의 《조선이순신전》, 오가사하라 등 해군대학교 교관들이 작성한 교재가 간행되어 일반인과 해군장교 등이 비교적 손쉽게 이순신 관련 책을 구입해 읽을 수 있었던 일본과는 대비된다 하겠다.

시바는 도고함대가 진해만 일대를 '빌리고 있었다'고 했지만 사실은 빌린 것이 아니다. 전술한 바와 같이 일본은 러일전쟁 발발 직후 한국정부에 한일의정서 체결을 무력으로 강요해 남의 나라인 진해만 일대를 장악, 민간인 토지 등을 강제로 군용지 등으로 수용해 군사시설을 짓고, 함포사격 연습을 하는 등 일본 해군의 주둔지와 훈련장으로 삼았다.

그런가 하면 가와다 소위가 300여 년 전의 적장인 이순신의 혼령에 일본의 승리를 기원한 이유에 대해 시바는 동아시아를 정복하려는 러시아에 맞서, 아시아가 배출한 바다의 명장인 이순신의 영혼에 빈다는 것은 당연하다는 논리를 펴고 있다. 시바는 러일전쟁 당시 일본과 조선을, 같은 동아시아 국가라는 운명공동체로 보고 있는 것이다. 이는 그의 논리적인 비약이자, 당시 동아시아사에 대한 무지에서 비롯되었다고 해야 할 것이다.

당시 조선에서는 명성황후가 일본군인 등에 의해 참살당하는 을미사변(1895년) 이후 격렬한 항일 의병운동(을미의병)이 일어났고, 중국은 청일전쟁에서 패배해 대만 등을 일본에 할양하는 등의 치욕과 큰 손실을 당해 일본에 대해 결코 우호적인 분위기가 아니었다. 따라서 한·중 양국 백성들이 일본이 같은 아시아 국가라고 해서, 러일전쟁에서 일본 편을 들었을 것으로 생각하는 것은 그의 아전인수식 해석이라고 봐야 할 것이다.

소년 박정희, 춘원의 《이순신》 읽다

전술했듯이 일본의 국민작가인 시바 료타로는 1970년대 초 이후 《한나라 기행》, 《언덕 위의 구름》 등의 저작을 통해 일본에서 이순신을 알리는 데 크게 기여했고, 그 후 이순신이 일본 각급 학교 교과서 등에 일제히 실리는 데에도 긍정적인 영향을 미쳤다고 할 수 있다. 한 작가의 힘이 얼마나 큰 것인가를 보여준 좋은 예라 하겠다.

비슷한 시기 한국에서 이순신을 중심으로 존경해 그를 널리 알리는 데 결정적인 역할을 한 사람이 있었다. 바로 박정희 대통령이었다. 이순신을 한일양국에서 널리 알린 사람은, 한쪽은 군인(만주군관학교 및 일본육사 졸업, 해방 후 한국육사 졸업)출신의 대통령이었고, 다른 한쪽은 일본사 및 동양사를 나름대로의 독특한 시각에서 해석해 수많은 역사소설을 쓴 작가였다.

왜 박정희가 이순신을 그토록 존경하게 되었는지를 알아보기 위해서는, 먼저 박정희의 이력을 살펴보는 것이 필요하다.

박정희는 일제강점기인 1917년 11월 14일(음력 9월 30일), 경북 선산군 구미읍(현재 구미시) 상모리에서 태어났다. 스스로 '가난은 나의 스승'이라고 할 만큼, 빈농 집안의 7남매(5남 2녀) 중 막내로 태어난 박정희는 9세(만 8세) 때인 1926년 4월 읍내에 있는 구미공립보통학교에 입학했다. 박정희는 깡마르고 작은 체구였지만, 매우 우수한 학업성적으로 6년 동안 반장을 도맡았다.

소년 시절에는 군인을 무척 동경했음. 그 시절 대구에 있던 일본군 보병 제80연대가 가끔 구미지방에 와서 훈련하는 것을 구경하고는 군인이 되었으면 하는 생각을 했음. 보통학교 시절에는 일본인 교육으로 일본 역사에 나오는 위인들을 좋아하다가, 5학년 때 춘원이 쓴 《이순신》을 읽고 이순신을 숭배하게 되고, 6학년 때 《나폴레옹 전기》를 읽고 나폴레옹을 숭배하였음.

_____ '나의 소년시절', 《월간조선》, 1984년 6월호

이 글은 박정희가 대통령 재임 중 소년 시절을 회상하며 자필로 (1970년 4월 26일자) 쓴 유일한 기록이다. 소년 박정희가 이순신을 숭배하는 결정적인 계기를 만들어준 것은 춘원 이광수(1892~1950년, 6.25때 납북되어 병사)의 소설 《이순신》이다.

이 소설은 〈동아일보〉에 1931년 6월 26일부터 1932년 4월 3일까지 178회 연재되었다. 따라서 박정희가 보통학교 5학년 때 읽었다는 것은 그의 착각으로 6학년, 그리고 대구사범 입학 (1932년 4월) 직

전까지 이 소설을 읽었던 것으로 추정된다.

이광수는 소설 연재에 앞서 밝힌 '작가의 말'(《동아일보, 1931년 5월 30일자)에서 "나는 이순신을 철갑선의 발명자로 숭앙하는 것도 아니요, 임진왜란의 전공자로 숭앙하는 것도 아닙니다. 그것도 위대한 공적이 아닌 것은 아니겠지마는, 내가 진실로 일생에 이순신을 숭앙하는 것은 그의 자기희생적, 초훼예적(超毀譽的[명예나 훼손을 뛰어 넘어]), 그리고 끝없는 충의(애국심)입니다. 군소배들이 자기를 모함하거나 말거나, 군주가 자기를 총애하거나 말거나, 일에 성산(成算)이 있거나 말거나, 자기의 의무라고 믿는 바를 위하여 국궁진췌(鞠躬盡瘁[마음과 몸을 다하여 나라일에 이바지 함])하여 마침내 죽는 순간까지 쉬지 아니하고, 변치 아니한 그 충의, 그 인격을 숭앙하는 것입니다. 그러므로 이 소설《이순신》에서 내가 그리려던 이순신은 충의로운 인격입니다"라고 강조하고 있다.

이광수는 또한 소설 말미에 "그가 돌아간 지 334년 4월 2일에 조선 500년에 처음이요, 나중인 큰 사람, 이순신의 슬픈 인생을 그리는 붓을 놓는다"면서 '-끝-'이란 단어 앞에 '나는 충무공이란 말을 싫어한다. 그것은 왕과 그 밑의 썩은 무리들이 준 것이기 때문이다'는 말을 작은 활자로 일부러 덧붙이고 있다.

이 소설 집필 당시 조선총독부의 회유, 협박으로 친일파로 변절해가던 이광수가 '슬픈 인생', '충무공이란 말을 싫어한다'고 표현한 것이 특이하다. 이는 이광수가 조선왕조의 임금과 신하들의 무능 때문에 임진왜란에 제대로 대처하지 못했고, 그 후 결국은 나라를 일본에 빼앗겨 식민지로 전락한 데 대한 불만으로 조선왕조가 붙여준 충무공이란 시호에 대해 노골적으로 반감을 표시하고, 그런 왕조를 위해 싸우다 전사한 이순신은 슬픈 인생을 살았다고 해석한 것으로 보인다.

이광수의 소설 《이순신》은 다음과 같은 19개의 소단락으로 구성되어 있다. 거북선, 경보, 부산동래 싸움, 달아나는 이들, 상주와 충주의 싸움, 몽진, 29일 회의, 출발, 옥포승전, 당포승전, 쫓기는 길, 한산도 큰 싸움, 안골포 싸움, 부산싸움, 이 통제, 칠천도 대패전, 남원 함락, 벽파정, 죽기까지. 각 단락은 대체적으로 10쪽 내외, 본문은 총 399쪽 분량으로 되어 있다.

이순신 성웅화를 추진한 박정희

어쨌든 식민지 시대 보통학교에서 일본식 교육을 받아 이순신에 대한 지식이 전혀 없었던 박정희는 이광수의 《이순신》을 통해 처음으로 임진왜란과 이순신에 대해 불완전하게나마 알게 됐고, 이때부터 박정희에게 이순신은 민족의 영웅으로 자리 잡게 되었다.

박정희는 보통학교 시절에 읽고 감명 받은 이광수의 《이순신》이야기를 문경보통학교 교사 시절(1939년) 숙직실에서 제자들에게 들려주기도 했다. 다음은 당시 박정희의 제자가 후일 전하는 이야기이다.

우리는 조선 사람이다, 우리 글과 역사를 알아야 한다고 말씀하시면서 이순신 이야기를 재미있게 해주시는 것이었습니다. 교과서에 등장하는 일본의 영웅들이 이순신 장군에게 패주하는 이야기를 듣는 것만으로도 대단한 충격이었습니다. 선생님은 거북선 그림을 그려가면서 사실감 있게 전투장면을 묘사하시는 것이었습니다. 왜놈들이 배 지붕으로 올라오면 송곳으로 찌르게 만들었다느니, 물 속으로 잠수까지 했다느니 하시면서 몸짓을 해가며 연기를 하시는데 흥분 그 자체였습니다.

_____ 조갑제, 《내 무덤에 침을 뱉어라》 2, 1998년

박정희는 대구사범 입학 당시 중위권(100명 중 51등)의 성적이었지만 학비를 제대로 내지 못하는 빈곤한 가정 형편 등으로 3학년부터는 성적이 최하위권으로 떨어졌다. 그러나 교련, 검도, 사격, 체조 등 군사 관련 과목에서는 발군의 실력을 과시했다. 이는 박정희가 타고난 군인체질이었음을 말해준다. 1937년 3월, 대구사법학교를 졸업한 박정희는 문경공립보통학교 교사로 발령받아 1939년 11월까지 교사생활을 했다.

그는 군인이 되어 '긴 칼 차고 싶어서' 교사직을 사직하고, 일본이 1932년에 세운 만주국의 장교양성기관인 만주군관학교에 입교하기 위해 만주로 간다. 박정희는 연령초과로 만주군관학교에 입교자격이 없었으나 '진충보국멸사봉공(盡忠報國滅私奉公)'이라는 혈서를 만주군관학교의 일본인 교관(박정희 대구사범 재학 중 교련 교관 출신)에게 써 보냈고, 이 사실이 현지신문에 대서특필돼 극히 예외적으로 입학이 인정돼 1940년에 제2기생으로 입교했다.

박정희는 1942년 3월 이 학교를 졸업할 때 '만계'(滿系, 조선인·만주인 학생에 대한 통칭) 수석졸업생으로 만주국 황제로부터 금시계를

받았다. 박정희 등 성적이 우수한 만계학생들은 일본인 졸업생들과 함께 일본 육군사관학교 3학년(제57기생)으로 1942년에 편입해 1944년에 일본육사를 졸업했다. 그는 만주군 소위로 임명된 뒤 1945년 8월, 일본이 패망할 때까지 중위로 근무했다.

박정희가 만주군관학교, 일본육사 등에 재학하고 있던 기간(1940~1944년)에 일본은 중일전쟁(1937년)에 이어 태평양전쟁(1941년) 등 침략전쟁을 확대하고 있었고, 당시 일본 육군에선 이순신에 대한 존숭의 분위기가 형성되지 않아서인지 이 시기에 박정희가 이순신에 대해 배웠다고 말한 기록은 없다.[1]

주지하다시피 박정희는 해방 후 귀국, 한국 육사를 졸업(제2기생)한 뒤 한국군 장교가 되었고 육군소장이던 1961년에 5.16군사쿠데타로 권력을 장악했다. 이후 그는 1979년 10월 26일 암살당할 때까지 18년간 집권하는 동안 '이순신 성웅화' 작업을 그야말로 심혈을 기울여 추진했다. 박정희의 이순신에 대한 존경심과 깊은 관심은 집권 18년 동안 아산 현충사에서 열리는 이충무공 탄신기념제(4월 28일) 행사에 14차례나 참석한 데서 단적으로 드러난다.

박정희 정권은 현충사 성역화, 한산도 제승당 신축 등 이순신 관련 유적의 대대적인 보수와 확장사업을 벌였으며, 1968년 서울 세종로 한복판에 17.49미터에 달하는 거대한 충무공 이순신 장군 동상을

---

1 박정희는 집권기간(1961~1979년) 동안 각종 연설, 담화, 훈시 이외에 본인 이름으로 된 《우리 민족의 나아갈 길》(1962년), 《국가와 혁명과 나》(1963년), 《민족의 저력》(1971년), 《민족중흥의 길》(1978년)이란 네 권의 저서를 남겼다. 이 저서나 박정희 본인의 언급에서 자신이 일본육사 교육과정이나 일본인으로부터 이순신에 대해 배웠다고 말한 내용은 없다.

서울 광화문 광장의 이순신 동상

거북선 모형과 함께 건립했다. 또한 박정희는 이순신에 대한 존경심을 나타내기 위해 현충사 등 이순신 관련 유적의 현판을 직접 썼다. 박정희는 이순신뿐 아니라 재임기간 중 윤봉길 의사 사당 건립을 지시하고, 현판〈忠毅祠(충의사)〉를 쓰기도 했다.

박 정권 18년 동안 초중고교에서는 충무공 전기 등 이순신 관련 서적이 필독서로 널리 권장되었다. 언론도 박정희 대통령이 거의 빠지지 않고 참석하는 충무공 탄신기념제를 비롯해 한산대첩기념제 등 이순신 관련 각종 행사를 비중 있게 보도했다. 또한〈성웅 이순신〉이란 영화가 두 차례(1962년 유현목 감독, 1971년 김진규 제작 주연)나 만들어졌고 이어〈난중일기〉(김진규 주연, 1978년)라는 영화도 제작되었다.〈성웅 이순신〉이란 제목의 뮤지컬도 1973년 국립극장개관 기념 공연작으로 무대에 올려졌다.

이순신 성웅화 작업을 둘러싼 논란

이처럼 박정희가 대통령 재임 시절에 추진한 이순신 성웅화 작업의 영향으로 대다수 국민들은 자연스럽게 '이순신 = 구국의 영웅, 민족의 성웅'으로 인식하게 되었다고 할 수 있다. 그러나 당시 박정희 정권의 이순신 성웅화 작업을 군사정권 정당화, 자신의 친일 이미지 불식 등을 위한 정책이라고 비판하는 시각도 있었다.

1970년대 초, 반체제 시인 김지하(1941~)는 세종로의 이순신 동상 건립 등 박정희의 이순신 성웅화 작업을 비판하는 희곡〈구리 이

거북선

남들은 무섭할제 남을 나라 걱정했고

남들은 못미처생각 남은 늘이 생각했소

거북선 맨든뜻은 이어 받드옵니다

박 정 희

박정희가 대통령 재임 중 지은 이순신의 거북선 제작을 찬양하는 시 〈거북선〉(1973년)

순신)(《다리》, 1971년 11월호)을 발표하기도 했다. 박정희 시대부터 오늘에 이르기까지 '군사정권 합리화를 위한 이순신 우상화 작업', '이순신 신격화 정책' 등의 비판과 비난이 이어지고 있다.

박정희의 이순신 성웅화 작업에 대한 찬반을 떠나, 박정희 개인의 이순신에 대한 존경은 그야말로 유별나다. 노산 이은상의 《(충무공 발자국 따라) 태양이 비치는 길로》(1973년)라는 저서에는 박정희의 '민족의 태양'이란 친필 휘호와 함께 거북선 발명을 찬양하는 〈거북선〉이라는, 다음과 같은 짤막한 자작시도 수록돼 있다.

"거북선
남들은 무심할 제
님은 나라 걱정했고
남들은 못미친 생각 님은 능히 생각했소
거북선 만드신 뜻을 이어 받드옵니다"

박정희가 생애 마지막으로 현충사를 참배했던 1977년 4월 28일 일기에는 "국내외적으로 어려운 시기에 굽어 살피시사 이 조국 이 겨레의 앞날을 밝게 비춰주시고 인도하여 주옵소서 하고 장군의 영전 앞에 머리 숙여 기원하다…"(정재경, 《박정희실기》, 1994년) 라고 씌여 있다.

물론 박정희가 대통령 재임기간 동안 벌인 '이순신 성웅화' 작업이 군사독재 정권 유지에 이용되는 부정적인 측면이 있었다고 볼 수도 있다. 그러나 박정희가 추진한 이 같은 작업으로 한국인들이 이순신의 실상을 접하게 되고, 그를 존경하게 되는 등 이순신관이 크게 바뀌는 긍정적인 측면도 있다. 오늘날 거의 모든 한국인이 이순신을 존경하게 된 계기를 만드는 데 크게 기여한 것은, 박정희라고 해도 과언이 아닐 것이다.

2장

이순신이 본 일본인

1

"왜적은 간사하고 교활"

이순신, "왜적은 귀신이나 짐승 같고"

임진년(1592년, 선조 25년) 4월 13일 오후, '대마도에서 끝이 보이지 않을 정도로 바다를 뒤덮으며 온 왜선들'(《징비록》)이 돌연 부산포 절영도(絶影島, 부산 영도) 앞바다에 나타났다. 이날부터 조선을 침략하기 위해 9군으로 편성된 15만 8천여 명의 일본군이 차례로 부산에 상륙한다. 한중일 세 나라가 2 대 1로 나뉘어 7년간에 걸쳐 뒤엉켜 싸운, 동아시아 사상 첫 국제전인 임진왜란의 시작이다.

이순신은 임진왜란 중 '왜적은 불구대천의 원수'라고 생각했을 뿐 아니라 '왜적은 예로부터 신의가 없고, 간사하고 교활하며 흉악하다'는 인식을 가지고 있었다. 일본인에 대한 극도의 적개심과 악감정을 가지게 된 이순신이, 일본인을 처음 본 것은 언제였을까?

이순신은 일본 수군과 벌인 첫 전투인 옥포해전(같은 해 5월 7일)

장우성 화백이 그린 충무공 이순신 표준 영정(1953년 작, 현충사 소장)

에서 일본인을 처음 보았다. 이순신과 일본 수군과의 첫 전투가 임진왜란 발발 후 20여 일이 지난 이 시점에 이뤄진 것은 일본 수군이 당시는 경상도 해역에서 전투 중이었고, 전라좌수사인 이순신은 자신의 관할구역인 전라도 해역을 벗어나지 않았기 때문이다.

임진왜란 발발 직후 일본 수군에 대패해 병력과 전선 대부분을 잃고 전전긍긍하던 경상우수사 원균(元均)은 전라좌수사 이순신에게 지원을 여러 차례 지원을 요청했다. 그러나 이순신은 조정의 허락 없이 마음대로 관할구역을 비울 수 없다는 이유로 응하지 않았다. 1592년 4월 27일 이순신이 조정으로부터 "원균과 합세하여 적선을 쳐부수라 … 혹시 뜻밖의 일이 있으면 그대의 판단대로 하라…"는 통보를 받고, 전라좌수영(전남 여수)에서 함대를 이끌고 경상도 해역으로 건너와 벌인 첫 전투가 바로 이 옥포해전이었다.

이순신의《난중일기》를 비롯해 그가 남긴 여러 기록가운데 일본인의 모습을 처음 묘사하고 있는 것은 이 옥포해전 관련 기사에서다.[1] 이순신은 옥포해전의 승첩을 임금에게 보고한 같은 해 5월 10일자 장계에서 자신이 처음 본 일본 사람인, 일본 수군에 대해 다음과 같이

1《난중일기》(국보 제67호)는 이순신이 임진왜란 7년 동안 진중 안팎에서 직접 경험하고, 보고 들은 여러 가지 일들을 적은 일기다. 이순신은 전투를 벌이는 날 등 일기를 쓸 수 없는 날을 빼고, 매일 날짜마다 간지(干支)와 날씨를 먼저 적은 뒤 그 날의 일을 틈나는 대로 적었다. 한문 초서체다. 대체로 진에서의 하루 일과, 전투상황, 부하 장수의 보고, 장계를 올리고 공문을 발송하는 일, 상관과 동료장수 및 부하들 간의 소통과 갈등, 군율을 어긴 부하를 처벌하는 일 등 공적인 일들 이외에 가족에 대한 안부, 울분과 한탄, 시와 글월, 소소한 개인적인 일 등을 성실하게 적은 비망록이다.《난중일기》는 임진왜란 당시의 정치, 경제, 사회, 군사 등 다방면에 걸친 생생한 기록으로 이순신 개인 연구에 있어서 가장 귀중한 자료일 뿐 아니라 임진왜란 전체를 파악하는 데도 빼놓을 수 없는 일급사료다. 이순신의 일기는 원래 임진, 계사 등 그 해를 나타내는 간지만 적혀 있었는데, 정조의 명으로《이충무공전서》를 편찬(1795년)할 당시, 이 일기를 실으면서 편의상《난중일기》라고 이름 붙여 지금까지 이렇게 불리고 있다.

적고 있다.

> 무릇 왜적들은 붉고 검은 쇠갑옷을 입고, 여러 쇠투구를 쓰고 있었으
> 며, 입언저리에는 '말갈기'가 종횡으로 뻗쳐 있어서 마치 '탈바가지'
> 같았으며, 금관(金冠)과 금빛 깃(金羽), 금빛 가래(金鍤), 깃옷(羽衣), 우
> 취(羽箒[새의 깃으로 만든 비]), 나각(螺角[소라고동으로 만든 악기]) 같은
> 것들은 기괴한 모양으로 매우 사치하여, 귀신 같기도 하고 짐승 같기
> 도 하여 보는 사람은 놀라지 않는 이가 없었으며…
>
> _____ 〈옥포파왜병장(玉浦破倭兵狀)〉,《이충무공전서》, 권 2,〈장계〉9

단정한 용모에 선비 같은 풍모로 알려진 이순신은 수염을 멋대
로 기른 험상궂은 외모는 물론, 조선과 달리 매우 기괴한 모양을 한
일본의 복장, 투구 등을 마주하고서 '귀신이나 짐승 같다'며 놀란 것
이다.[2]

옥포해전과 합포해전에서 이순신 등은 40여 척의 왜선을 불태웠

---

2 이순신 생전의 초상화는 현재 남아 있지 않다. 이순신의 용모와 체격에 대한 묘사는 각종 문헌이 다르
지만 그를 직접 대면한 사람들은 대체로 선비와 같은 모습이라고 말한다. 임진왜란 직전 이순신을 전라
좌수사로 천거했던 류성룡은 이순신과는 어릴 때 같은 동네에서 자라 서로 잘 아는 사이다. 그는 "순신
의 사람됨은 말과 웃음이 적고, 얼굴이 단아하여 마치 수양하며 근신하는 선비와 같았다"(《징비록》)라고
적고 있다. 조선 중기문인인 고상안(高尙顔, 1553~1623년)은 경상도 삼가현감으로 재직 중이던 1594년,
한산도 통제영에서 무과시험을 실시할 때 감독관으로 이순신과 13일간 같이 있었다. 그 때의 모습을
"통제사의 그 말의 논리와 지혜로움은 과연 난리를 평정할 만할 재주였으나, 얼굴이 풍만하지도 후덕
하지도 못하였다"(《태촌선생문집》)라고 적고 있어, 3년째 전쟁을 치르고 있던 이순신이 매우 초췌한 상태
였던 것으로 추측할 수 있다. 현충사에 소장돼 있는 이순신 초상화는, 월전 장우성 화백(1912~2005년)이
류성룡의《징비록》등 문헌과 고증을 바탕으로 1953년에 그린 것으로, 1973년 충무공 이순신 표준영정
으로 지정되었다.

고, 다음날 적진포 해전에서도 잇달아 승전고를 울렸다. 이에 일본군이 임진왜란 발발 후 불과 20일만에 파죽지세로 북상해 서울 입성이 임박해지자 1592년 4월 30일에 허둥지둥 서울을 버리고 몽진(蒙塵)을 떠나 평양성에 머물던 선조는 이순신을 종2품 가선대부(嘉善大夫)로 승진시켰다. 이순신이 임진왜란에서 일본 수군을 상대로 올린 첫 전공에 대한 국왕의 첫 포상이었다.

이순신을 수군으로 발탁한 것이 천운

1545년 서울에서 태어난 이순신은 32세의 늦은 나이에 무과에 급제해 무관이 된 후 주로 함경도, 전라도 등 변경근무가 많았다.[3]

이순신은 조정에서 밀어주는 사람이 없어 과거 합격 후 10여 년 동안 출세하지 못한 채, 45세 되던 1589년에 종6품인 정읍현감이 되었다. 임진왜란 발발 1년여 전, 곧 왜가 침략한다는 소문이 날로 비등해지자 국왕(선조)은 비변사(備邊司, 조선시대 군국기무를 관장한 문무합의기구)에 명하여 장수 역할을 담당할 만한 자를 추천하라고 했다. 이때, 좌의정 류성룡이 이순신을 전라좌수사(정3품)로 천거했다. 종6품

---

3 이순신은 권지훈련원봉사(權知訓練院奉事)를 시작으로 함경도 동구비보(董仇非堡)권관 (權管), 전라도 발포수군만호(萬戶) 등을 거쳐 함경도 건원보(乾原堡)권관, 훈련원 참군(參軍)을 지냈다. 1583년 부친상을 당해 관직에서 물러났다가 상을 마치고 1586년 사복시(司僕寺) 주부(主簿)로 다시 관직에 나섰다. 함경도 조산보(造山堡)만호, 전라감사군관, 조방장(助防將), 선전관(宣傳官) 등을 거쳐 1589년 전라도 정읍현감이 되었고, 1591년 2월 전라좌수사에 임명되었다.

임진왜란 발발(1592년 4월 13일) 후 불과 20일 만에 일본군의 서울 입성(같은 해 5월 3일)이 임박해지자 조선 국왕(선조)이 황급히 서울을 떠나(같은 해 4월 30일) 평양으로 몽진하는 모습을 그린 그림. (《에혼다이코기》6편 권1, 오카다 교쿠잔 글 및 그림, 1886년)

에서 정3품으로, 무려 7계단을 뛰어넘은 파격적인 승진이었다. 이에 대해 조정에서 논란이 있었지만 결국 제수(1591년 2월)되었다. 어릴 때 같은 동네(서울 건천동, 현재의 중구 인현동)에서 살아 이순신을 잘 아는 류성룡(1542년생, 이순신보다 3년 연상)이 그를 천거하면서, "놀랍게도 육군 장수가 아닌 수군 장수로 발탁함으로써 악전과 고전에서 조선은 마침내 살아났고, 그리고 존속되었다 … 류성룡과 이순신. 그래서 그 만남은 조선으로서는 숙명이었고, 모든 시대를 뛰어넘는 가장 '위대한 만남'이었다"(송복,《서애 류성룡 위대한 만남》)는 평가도 있다.

당시는 오늘날과 달리 장수와 군관 등의 육군과 해군 구분이 없었다. 이순신은 임진왜란 이전 대부분 육군에서 근무했고 수군 경력으로는 발포(鉢浦, 전남 고흥군 도화면 발포리) 수군만호(萬戶, 각도의 진에 딸린 종4품 무관직)를 만 3년간(1580년 7월~1583년 7월) 지낸 것이 전부였다. 경상우수사 원균도 이순신이 삼도수군통제사가 되어 두 사람 간에 불화와 갈등이 심해지자, 수군을 떠나 육군인 충청병마절도사, 전라좌도병마절도사로 옮긴 경력이 있다.

어쨌든 수군 경력으로는 수군만호가 전부인 이순신을 전라좌수사로 천거한 류성룡의 사람을 보는 눈은 천리마를 식별했다는 백락(伯樂)의 눈에 비견할 만하다. 만일 이때 류성룡이 이순신을 육군 장수로 발탁했다면, 그는 조총이란 신병기로 무장하고 잘 훈련된 일본 육군을 상대로 별다른 기량을 발휘하지 못했거나, 기량을 발휘했다 하더라도 수군장수로서 올린 전과에는 훨씬 미치지 못했을 가능성이 크다.

이순신은 임진왜란 직전 황윤길(黃允吉), 김성일(金誠一)처럼 통신사로 일본에 파견(1590년 11월)되었다거나, 일본의 대(對) 조선 창구인 쓰시마번에서 파견된 일본인들의 업무 거주지인 왜관(倭館)이 있었던 부산포 등 삼포에서 근무한 적도 없었다.[4] 《난중일기》를 비롯해 이순신이 남긴 기록에도, 자신이 임진왜란 이전에 일본인을 만났다거나 봤다는 기사는 없다. 따라서 임진왜란 이전에 이순신이 국내에서 일본인들과 접촉한 적은 없었던 것으로 보인다.

---

4 조선 정부는 일본사절들의 접대 및 도항한 일본인의 숙박, 무역장으로 사용하기 위한 시설로 1409년(태종 7년) 서울에 처음으로 왜관인 동평관(東平館)을 설치했다. 이후 쓰시마 측의 요청을 받아들여 부산포, 제포(웅천), 염포(울산)의 삼포를 무역항으로 개방(1426년)하면서 일본인들의 업무 및 주거 공간 등으로 삼포에도 왜관이 세워졌다. 황윤길 등 통신사가 방일하기 전 쓰시마 도주 소 요시토시(宗義智) 등 일본 사절들이 교섭을 위해 서울에 와 동평관에 머물고 있을 때 국왕은 이들에게 연회를 베풀어주었다. 이때 예조판서 류성룡도 이들을 위해 연회를 베푸는 등 일본인들과 접촉이 있었다.

2   이순신과 항왜

이순신, 항왜와 빈번한 접촉

이순신은 임진왜란 중 전투가 벌어질 때는 일본 수군을 상대로 목숨을 건 사투를 벌였고, 전투를 하지 않은 기간 동안에도 통제영 등에서 일본인들을 수시로 접하고 있었다. 바로 조선 수군에 잡힌 일본군 포로 그리고 '항왜(降倭)'들이다. 항왜는 '귀순왜(歸順倭)', '투항왜(投降倭)', '생금왜(生擒倭)'라고도 했다.

항왜란 무엇인가? 간단히 말하면, '임진왜란 때 우리 측에 투항한 일본군'을 의미한다. 항왜를 좀 더 명확하게 규정하자면, 현재 일본 학계의 임진왜란 및 항왜 연구 권위자인 기타지마 만지(北島萬次) 교수는 '히데요시의 조선침략 때 일본 진영에서 조선 또는 명나라 측에 투항한 장졸이나 잡역부 등의 일본인'(《히데요시의 조선침략과 민중》, 2012년)이라고 정의한다. 반대로 조선군 병사나 백성 가운데 일본군

에 귀순하거나, 포로로 잡혀 협력한 경우도 있었다. 이를 '순왜(順倭)'
라고 했다.[1]

항왜들은 주로 전쟁에 대한 혐오를 비롯해, 전쟁 중 왜성축조의
과중한 노역과 식량부족, 상사의 가혹행위, 히데요시의 조선침략에
명분이 없다는 등의 회의를 품고 조선에 투항하는 등 그 이유는 여러
가지다. 이들 중에는 조선을 일본보다 나은 나라로 생각했거나, 전쟁
중에 살아남기 위해 어쩔 수 없이 항왜의 길을 선택한 경우도 있었을
것이다. 조선정부는 임진왜란 초기에는 항왜를 모두 죽이라는 '진살
령(盡殺令)'을 내렸으나 명일간에 강화교섭이 진행되는 1593년부터
항왜 수가 급증하자 항왜를 적극적으로 유인하기 위해 '후대하고 죽
이지 않는다'는 '후대불살(厚待不殺)' 정책을 펴고 있었다.[2]

---

1 《조선선조실록》(1593년 8월 22일)에는 "비변사가 아뢰기를 '왜인을 따라간 우리나라 사람 2만여 명이 아
직까지 해상에 머물러 있다고 합니다…'(備邊司啓曰:我國順倭人二萬餘名,尙留海上云…)"라는 기사가 있으나
이 '2만여 명'이라는 숫자의 정확성은 알 수 없다. 임진왜란이 끝난 지 60년 후인, 1657년(효종 8년) 호구
조사에서 조선 인구는 229만 83명, 호수는 65만 8771호로 되어 있는데, 전쟁으로 인해 인구의 태반이
손실되었다고 계산해서 그 회복기간을 보통 2세대로 보고, 임진왜란 당시 인구 또한 이와 비슷한 수준
으로 보는 견해(송복,《서애 류성룡 위대한 만남》)에 따른다면, '2만여 명'은 당시 조선 전체 인구의 약 0.8%
에 상당하는, 매우 많은 수다. 그러나 임란 전 조선 인구가 1400만 명에 달했다는 견해(함재봉,《한국사람
만들기》1 , 2017년)도 있다.

2 조선정부의 항왜에 대한 후대의 구체적인 내용은 "상으로 벼슬이 내려지고, 의관이며 전마(戰馬)가 주
어지고, 아내를 얻어 풍족하게 생활하는 것(皆給爵賞衣冠戰馬,作妻饒足而居矣)" 등인데, 일본군 병사들도
이를 알고 있었다는 기록(《선조실록》, 1597년 5월 18일)이 있다.

실전에 참여한 항왜

이순신이 삼도수군 통제영이 있던 한산도로 보내진 상당한 수의 항왜를 어떻게 다스렸는지를《난중일기》등을 중심으로 살펴보자.

이순신의《난중일기》에는 총 41건의 항왜에 관한 기사가 나온다. 1594년에 11건, 1595년에 13건, 1596년에 15건, 1597년에 2건이 등장한다. 특히 1594년에서 1596년에 걸쳐 항왜 관련 기사가 많이 나온다. 이 시기는 명나라와 일본 간의 강화 교섭 기간에 해당하고, 일본군은 부산 일원에서 왜성을 쌓고 장기전에 대비하던 때다.《조선왕조실록》에는 선조 대(1567~1608년)에 총 167건의 항왜관련 기사가 나오는데 임진왜란 발발 다음 해인 1593년에 11건, 1594년에 58건, 1595년에 20건, 1596년에 11건, 1597년에 19건, 전쟁이 끝나는 1598년에 20건 등 총 139건이 등장한다. 1594년에 58건으로 가장 많고, 다른 해는 11~20건으로 비슷해《난중일기》의 항왜 기사 연도별 분포와는 다른 양상이다.

《난중일기》에 나오는 총 41건의 항왜 관련 기사 가운데 이순신이 항왜들을 직접 문초하거나 만났다는 기사는 27건이다. 4년에 걸쳐 27건이라면, 이순신은 한해 이들을 여섯 차례 정도 만난 셈이다.

《난중일기》는 임진왜란이 발발하는 해인 1592년 1월 1일부터 이순신이 전사하기 이틀 전인 1598년 11월 17일까지 총 2,511일간에 걸쳐 틈틈이 쓴 일기지만, 일기를 적지 않았거나 일기책이 일실(逸失)되는 등의 결락일이 946일(최두환,《충무공이순신전집1》, 1999년)에 달한다. 따라서 이순신이 항왜, 포로 등을 대면한 횟수는 더 많았을 것으로 추정된다.

　이순신은 전투를 하지 않는 기간에는 훈련, 전투준비, 지휘관 면담 등으로 바쁜 일정을 보내고 있었으나 그 와중에도 항왜 등에 대한 심문과 면담을 빈번하게 하고 있었음을 알 수 있다.《선조실록》(1592년 10월 15일)에 따르면, 임금은 "… 총통제조와 방포(放砲)하는 방법 및 적정을 상세히 따져 묻고 또 혹 검술을 아는 자이거든 배워서 익히게 하면 어떻겠는가?"라고 묻고 있다. 즉, 항왜를 심문할 때 총포 및 화약제조, 발포 기술을 비롯하여 적군의 상황, 항왜가 가진 특기 등의 정보를 면밀히 수집, 파악하도록 지시하고 있는 것이다. 이순신도 조정의 이 같은 방침에 따라 항왜, 포로들에 대한 심문을 충실히 하고 있었던 것으로 해석된다.

　《난중일기》,《장계》등에서 이순신이 포로와 항왜를 직접 심문하고 있는 관련기사를 몇 건 살펴보자.

　　생포한 왜놈 1명을 심문하고 문초하니 이름은 망고질지(亡古叱之)이며 나이는 35세이고 … 간사한 왜놈은 … 이미 사로잡혔고, 제 스스로 살기 어려운 것을 알고, 항복한다는 말을 하는 것이니, 더욱 음흉하여 잠시라도 목숨을 살려줄 것이 못됩니다 … 왜적의 형세를 대개 물었지만, 반복해서 물어볼 만한 것이 있을 것도 같아 위의 망고질지를 도원수 권율에게 목을 매어서 압송했습니다.

　　　　　　　　　　　　　　　──────《이충무공전서》, 권3, 장계32, 1593년 윤 11월 17일

　오후에 원 수사[원균 경상우수사]가 사로잡은 왜인 3명을 데리고 왔

기에 문초해보니, 이랬다 저랬다 거짓말만 한다. 할 수 없어 원 수사로 하여금 목을 베도록 하고 보고하게 했다.

_____ 《난중일기》, 1594년 5월 6일

항왜 5인에게 그 이유를 물었더니 "저희 장수의 성질이 포악하고 일도 고되기 때문에 도망 나와 투항한 것"이라고 한다. 그들이 가졌던 크고 작은 칼을 거두어 수루 위에 두었다.

_____ 《난중일기》, 1596년 1월 8일

부산에서 항왜 4명이 와서 "[명나라 장수] 심유경(沈惟敬)이 [일본군 제1군 대장] 고니시 유키나가, [일본 승려] 겐소(玄蘇) 등과 함께 16일 새벽에 바다를 건너갔다"는 소식을 전했다. 그래서 그들에게 양식 세 말을 주어 보냈다.

_____ 《난중일기》, 1596년 1월 19일

김천석이 비변사의 공문을 가지고, 항왜 야여문(也汝文), 미우위문(彌右衛門) 등 3명을 데리고 왔다.

_____ 《난중일기》, 1594년 11월 3일

당시 비변사는 심문을 통해 항왜 가운데 철포제조나 총검, 포술에 능숙한 자 등 "재능이나 기예가 있고 공순하여 부릴 만한 자는 진중에 남게 하고(而其有才技, 恭順可使者, 留置陣中), 그 나머지는 한산도의 통제영에 보내 격군(格軍[노젓는 수부(水夫)])으로 삼도록 하라(《선조실록》, 1594년 9월 14일)고 지시하고 있다. 항왜 가운데 포술 등 군사

기술이 뛰어나고 조선 측에 기여도가 큰 자들의 경우 서울의 훈련도 감에 배치하여, 군직과 급료를 주고 군사기술을 조선병사들에게 전 수하도록 하고 있으며, 그 가운데는 범죄인의 처를 짝지어주는 등 후 대하는 경우도 있었다. 이순신은 한산도로 보내온 항왜 중 일부를 인 근의 남해(경남 남해군)로 분산, 배치시켰다.

이순신은 비변사의 지시대로 '재능이나 기예가 있는 항왜'를 선 별하고, 실전에 대비해 이들을 다음과 같이 훈련시켰다.

> … 견내량에서 생포한 왜놈에게 적의 정세와 형편을 심문하고, 또 무 엇을 잘 하느냐고 물었더니, 염초(焰硝[포탄제조에 필요한 화약]) 굽는 일과 총 쏘는 일을 모두 잘한다고 했다.
>
> _____《난중일기》, 1594년 6월 23일

> … 식후에 대청에 나가 앉아서 좌우도로 갈라 보냈던 항왜들을 모조 리 데려오게 하여 포술연습을 시켰다.
>
> _____《난중일기》, 1594년 11월 27일

그런가 하면 이순신은 믿을 만한 항왜를 자신의 배에 동승시켜 일본 수군과의 실전에 참가시키는 경우도 있었다. 이순신이 13척의 배로 133척의 일본 수군에 대승을 거둔 명량해전(1597년 9월)에 관해 적은《난중일기》에 다음과 같은 기사가 있다.

> … 항왜인 준사(俊沙)는 안골포의 적진에서 투항해 온 자인데, 내 배

위에 있다가 바다를 굽어보며 말하기를 "저기 그림 무늬 놓은 붉은 비단 옷을 입은 자가 바로 안골포의 적장 마다시(馬多時)다"한다. 내가 무상(舞上[배의 잡역부]) 김돌손을 시켜 갈구리로 낚아서 배에 올리니, 준사는 기뻐서 날뛰면서 "이게 마다시다"한다. 나는 즉시 명령하여 시체를 토막 내라고 하니, 적들의 의기가 크게 꺾였다.

_____《난중일기》, 1597년 9월 16일

이순신의 지시에 따라 바다에서 건져진 뒤 확인 사망된 적장 '마다시'는 이요(현재의 에히메현)의 다이묘(大名)로 이날 전투에서 선봉에 섰던 구루시마 미치후사(來島通總)다.[3]

구루시마는 중상을 입고 빈사상태로 시체가 즐비한 바다에 표류하고 있었다. 이때 이순신의 배 위에 있던 항왜 준사가 구루시마를 발견하고 소리지르자 이순신이 병졸로 하여금 갈고리로 건져올려 토막 내었던 것이다. 구루시마는 이순신이 전투 중에 유일하게 참수한 적장이다.

만약 준사가 격군으로서 갑판 밑에서 노를 젓고 있었다면 물 위에 떠 있는 구루시마를 알아보지 못했을 것이다. 준사는 선상에서 근무하는 직책을 맡아 이순신 바로 옆에서 전투에 참가하고 있었기 때문에, 투항하기 전 자신이 소속한 부대의 장수였던 구루시마를 발견할 수 있었다.

---

3 일본에선 마다시가 임진왜란 중 유일한 다이묘 전사자인 구루시마 미치후사가 아니라 아와지(淡路, 오늘날의 효고(兵庫)현 아와지시)수군을 이끌었던 간 마타시로(菅又四郞)라는 주장도 있다. 그의 이름 '마타시로'가 '마다시(馬多時)'와 발음이 비슷하기 때문이다.

이날 일본 수군을 총지휘하던 도도 다카토라(藤堂高虎)는 바다에 빠졌으나 부하들에 의해 건져져 겨우 목숨을 구했다. 그는 후일 일본 수군이 대패당한 명량전투에 대해, "조선 수군은 명량의 조류를 너무나 잘 알고 있었다"며 원통해했다. 조선 수군 함대보다 무려 열 배가 넘는 일본함대를 폭이 좁은 명량해협의 지형과 조류의 급변을 이용해 격파한, 이순신의 탁월한 전투능력을 적장이 인정하는 대목이다.

'문제 항왜' 가차없이 처형

《난중일기》 등에는 이순신이 탈영하는 군졸, 공무 기일을 어긴 고을 원, 재물을 탐하는 탐관오리, 법을 어긴 백성 등을 처벌하는 기사가 많이 나온다.

예를 들면, "도망친 여도(呂島) 수군을 잡아 목을 베어 진중에 매달았다", "해남 현감을 기일 늦은 죄로 처벌하고, 전라우수사의 군관 및 도훈도(都訓導)를 곤장 70대에 처했다", "방목하던 소를 훔쳐가면서 '왜적이 왔다'고 헛소문을 내는 포작(鮑作[어부]) 두 명을 잡아다가 곧 목을 베어 효시(梟示)하게 했다"는 등이다.

이는 이순신이 전시 하 국가비상사태인 만큼 기강을 바로잡기 위해, 오늘날의 지역 계엄사령관 격인 삼도수군통제사로서 휘하의 장졸은 물론, 백성 등을 군법과 군율에 따라 엄정히 다스렸음을 말해준다.

아래 기사는 이순신이 포로나 항왜 가운데 도망치려거나 문제가 있는 자는 가차 없이 처형하고 있어, 자신의 부하뿐만 아니라 일본인

포로나 항왜를 관리하는 데도 엄격했음을 보여준다.

　… 3월 22일에 왜놈 2명을 사로잡아 보고하기를 … 왜놈 송고로(宋古老)는 나이 27세로 약간 문자를 알며, 요사여문(要沙汝文)은 나이 44세인데 … 약은 꾀로 되풀이하여 속이려드니, 그 말을 믿을 수 없으므로 다시금 상세히 바른대로 말하라고 엄하게 벌을 주고 끝까지 캐물었습니다. 그러나 다시는 아무 말을 하지 않고 극히 흉악하므로 사지를 찢고 목을 베었습니다.

_____《이충무공전서》권3, 장계 4, 〈토적장(討敵狀)〉, 1593년 4월 6일

강천석이 달려와서 보고하기를 "도망친 왜놈 망기시로(望己時老, 손사랑(孫四郎))가 우거진 풀 속에 엎드려 있는 것을 잡았고, 왜인 한 놈은 물속에 빠져죽었다"고 한다. 바로 망기시로를 압송해 오게 하고, 삼도에 나누어 맡긴 항왜를 모두 불러 모아 그 앞에서 즉시 머리를 베라고 명했다. 그러나 망기시로는 조금도 두려워하는 법이 없이 죽으러 나왔다. 참으로 독한 놈이었다.

_____《난중일기》, 1595년 4월 24일

항왜 여문연기(汝文戀己), 야시로(也時老, 야차랑(野次郎)) 등이 와서 "지금 왜인들이 도망하려 한다"고 보고했다. 이에 우우후(右虞侯)를 시켜 잡아오게 하여 그 주모자 준시(俊時) 등 두 명을 찾아내어 목을 베었다.

_____《난중일기》, 1595년 11월 16일

난여문(亂汝門, 남우위문(南右衛門)) 등을 불러다가 방화한 항왜 3명이 누군인가를 색출해 처형시켰다.

_____《난중일기》, 1596년 4월 16일

어제 저녁 견내량 복병의 긴급보고에 의하면 왜놈 4명이 부산에서 장사하러 나왔다가 바람에 밀려 표류되었다고 한다 … 정황을 살펴보니 그들은 우리를 정탐하러 왔던 것이 분명하므로 목을 베어 죽였다.

_____《난중일기》, 1596년 4월 3일

《난중일기》에는 이순신이 항왜가 '수상한' 동료 항왜를 죽이자고 하는 경우, 항왜를 시켜 처형케 하는 기사가 여러 건 보인다. 이순신은 항왜를 관리하는 방법의 하나로 문제를 일으킨 항왜는 동료항왜로 하여금 처형케 하는, '이왜제왜(以倭制倭)'의 수법을 쓰고 있는 것이다. 항왜 가운데 이순신에게 적극협력하고 있는 리더 격이 문제를 일으킨 동료를 은밀히 처형하자고 제안하고 있음은 도주, 방화뿐만 아니라 항왜 간의 반목, 질시, 음모 등이 상당했음을 말해준다.

… 항왜들이 고하기를, 저희들 동료 중에 야마시로(山素)라는 자가 흉포하고 패악한 일을 많이 저질렀으니 죽여야겠다고 한다. 이에 왜인을 시켜 그 놈의 목을 베게 했다.

_____《난중일기》, 1595년 5월 21일

… 항왜 야여문(也汝文, 미우위문(彌右衛門)) 등이 저희 동료인 신시로(信

168

時老, 신차랑(信次郞))를 죽이자고 청하기에 명령하여 죽이게 했다.

_____ 《난중일기》, 1596년 6월 24일

… 야여문이 돌아갔다.

_____ 《난중일기》, 1596년 6월 29일

… 어두울 무렵, 전라우도의 항왜와 경상도의 왜인들이 같이 짜고 도망갈 계획을 꾸리려 한다고 들리기에 전령을 내어 그쪽에 알렸다.

_____ 《난중일기》, 1596년 2월 15일

… 이날 새벽에 경상도진(陣)에 남아 있는 항왜들을 이곳에 있는 왜인 난여문 등에게 시켜 묶어와 목을 베게 했다.

_____ 《난중일기》, 1596년 2월 19일

… 난여문을 시켜 항왜 사고여음(沙古汝音, 작우위문(作右衞門))을 처형했다.

_____ 《난중일기》,1596년 4월 29일

항왜에 대한 회유책

이상의 기사에 나오는 동료항왜를 처형하는 야여문과 난여문은 이순신 진영에 기여도가 크고, 이순신의 신임을 얻은 리더 격임을 짐작케 한다.

이순신에게 동료항왜를 처형하자고 제의한 야여문은 한산도로 보내지기 전 서울에서 비변사가 취조할 때 계략에 뛰어나다는 평가를 받아 사정(司正[조선시대 오위(五衛)에 둔 정7품 무관직. 현직이 아닌 봉록만을 주기 위하여 설치함]) 관직과 형부(刑部)에 수감 중인 도적의 처를 짝지어 주는 등의 후대를 받았던 자다(《선조실록》, 1594년 9월 18일).

《난중일기》에 "남해에서 항왜 야여문 등이 찾아와서 인사를 했다(1595년 1월 7일)"라는 내용으로 보아 야여문 등이 무슨 일인가로 남해에서 한산도 통제영으로 왔고, 정초에 이순신에게 새해 인사를 올렸음을 알 수 있다. 야여문은 정초뿐만 아니라 수시로 남해에서 통제영이 있는 한산도를 오가고 있다. 앞에 인용한 《난중일기》기사(1596년 6월 24일)에서 이순신은 야여문 등이 동료항왜인 신시로를 죽이자고 하자, 남해현령을 통해 처형케 한 뒤 야여문을 닷새 후에 남해로 돌아가게 하고 있다.

항왜 난여문은 일본군을 회유해, 이순신에게 투항하도록 하는 데 상당한 도움을 준 자인데, 《선조실록》에는 "통제사가 항왜 남여문 등을 보내어 회유하게 했더니, 숨어 있던 왜적 20여 명이 나왔고, 남여문이 왜추(倭酋[왜놈 두목])와 이야기를 나누자 숨어 있던 왜놈 80여 명이 다 나왔는데, 우리 수군의 성대한 위용을 보고는, 엄습을 받을까 의심하여 구차하게 목숨을 부지하려 했다"(1597년 3월 24일)는 내용이 있다. 《선조실록》은 난여문(亂汝門)《난중일기》을 남여문(南汝門)으로 표기하고 있다.

이순신이 이 난여문에게 특별한 배려를 해주는 일막도 있다. 《난중일기》1596년 6월 26일자에는 "왜인 난여문 등이 말하는 목수의 아내에게 곤장을 쳤다"는 기사가 보인다. 앞서 설명했듯이 이순신은 부하 등을 처벌할 때 '기일에 늦은 죄' 등 그 이유를 일기에 적어놓고 있다. 만약 목수의 처에게 잘못이 있었다면, 이순신은 곤장을 치는 이유를 일기에 설명해놓았을 것이다. 그러나 목수의 처를 왜 처벌했는지에 대한 언급이 없다. 그 목수의 처와 난여문과의 사이에 남녀관계인지 무엇인지 알 수 없으나, 어떤 일이 있었던 모양이다. 이순신은 자국백성인 목수의 처만 곤장을 치고, 난여문에게는 아무런 처벌을 하지 않고 있는 것으로 보아 난여문의 편을 들어주고 있는 셈이다. 약 3개월 후, 항왜들이 이순신이 아끼는(?) 이 난여문을 암살하려다 발각되는 일이 일어난다.

> … 항왜 연은기(戀隱己), 사이여문(沙耳汝文, 좌차우위문(左次右衛門))등이 흉악한 음모를 꾸며서 난여문을 해치려고 했다고 한다.(1596년 7월 18일) 난여문이 연은기, 사이여문 등의 목을 베었다.
>
> ＿＿＿＿《난중일기》, 1596년 7월 19일

이순신은 항왜들을 진영 내 공사 등 사역에 동원시키고 있다.

> … 이른 아침에 수루에 올라가서 일하는 것을 감독했다. 수루 위 바깥 서까래에 흙을 올려 발랐다. 항왜에게 운반하는 일을 시켰다.
>
> ＿＿＿＿《난중일기》, 1595년 10월 5일

… 항왜를 시켜 수루 대청에 흙 올려 붙이는 작업을 끝마치게 했다.

_____《난중일기》, 1595년 10월 13일

그런가 하면 이순신이 이들 항왜에게 일본의 전통 소극(笑劇)인 '교겐(狂言)'과 연극 '시바이(芝居)' 등의 공연(?)을 허용했다는 특이한 기사도 있다.

저녁 무렵, 항왜들이 여러 가지 유희를 했다. 장수되는 자로서 그냥 둬서는 안 되는 일이었지만, 귀순하여 따르는 왜인들이 마당에서 유희를 간절히 바라기에 금하지 않았다.

_____《난중일기》, 1596년 7월 13일

군율을 엄격히 적용하는 이순신의 잘 알려지지 않은, 관대한 일면이다. 항왜를 효율적으로 관리하기 위해, 항왜들이 향수를 달랠 전통극을 해보겠다고 원하니, 용인한 것이다. 임진왜란이 끝난 뒤 조선과 일본 간 국교가 회복되어 일본에 파견된 조선통신사 사절의 견문록 (신유한,《해유록》)에는 일본 방문 중 알게 된 일본의 혼욕풍습에 대해 "참으로 금수와 같다"고 개탄하는 기록이 있다. 일본의 전통극을 처음 본 이순신은 어떤 느낌이었을까?

이순신이 가끔 이들 항왜들에게 "술과 음식을 주었다(《난중일기》, 1595년 11월 1일, 11월15일)"는 기사도 보인다.

이처럼 항왜 전체를 통제해야 하는 이순신으로서는 문제항왜는 가차없이 처단하면서도 야여문, 난여문 등과 같은 리더 격 항왜에 대해서는 적절히 우대하는가 하면 때로는 일본전통유희를 허용하고, 술과 음식도 베풀고 있다.

그렇다면 항왜는 그 수가 얼마나 됐을까?《선조실록》에 등장하는 항왜의 이름이 40여 명이나 되었으며(이장희,《임진왜란사연구》, 1999년), 임진왜란 발발 3년째인 1594년에는 "함경도로 보낸 항왜만도 백여 명이 넘었으므로 더 들여보내서는 안 된다"(《선조실록》, 1594년 11월 17일)는 기록이 있다. 그런가 하면 임진왜란 종료 직후 항왜 60여 명이 모여 부락('항왜진(降倭鎭)')을 이뤄 살던 "밀양에서 양민을 참학(慘虐)하는 것을 목격했다"는 보고(《선조실록》, 1601년 8월 18일)도 있고, 임진왜란이 끝난 뒤 30여 년이 경과한 1624년(인조 2년) 남아 있는 항왜가 130명에 달한다는 기술(이긍익(李肯翊),《연려실기술(燃藜室記述)》)도 있다.

따라서 임진왜란 기간 중에는 왜성 등 일본 진영이 있었던 남해안을 비롯해 전국 각지에서 최소 수백 명에서, 수천 명 이상의 항왜가 존재했을 것으로 추정된다.[4] 그러나 조선은 물론 일본에도 항왜 관련 통계는 없어, 정확한 수는 파악하기가 어렵다.

---

4 항왜의 수와 관련해, 도원수(都元帥, 전시에 군대를 통솔하던 임시 관직. 대개 문관의 최고관이 임명되어 임시로 군권을 부여받고 군대를 통솔) 권율(權慄)의 장계에 "또한 왜인은 '일본에서 꺼리는 점은 항왜이다. 그 숫자가 이미 천만에 이르고 있는데, 이 왜인들은 반드시 우리 일본의 용병술을 모두 털어 놓았을 것이다'(又一倭曰: 日本之忌憚者,乃降倭也,其數已至千萬,此倭等必盡言我國用兵之術)"라는 내용(《선조실록》, 1597년 5월 18일)이 있다. 이 기사에서 언급하고 있는 항왜의 수, 즉 '그 수가 이미 천만에 이르렀다(…其數已至千萬)'의 '천만'은 '천만 명'이 아니라 '만 명'(국사편찬위원회 홈페이지 등)으로 해석된다.

임진왜란 전에 선물 받은 일본의 **조총**

임진왜란 당시 일본군 병사의 개인용 주무기는 조총인 반면, 조선군의 원거리 공격무기는 활이었다. 이순신이 휘하장수 등과 함께 한산도 통제영에서 "사정(射亭)에 올라 활10순(巡[1순은 다섯 발])을 쏘았다"는 등 활쏘기 연습을 열심히 하고, 휘하 장수들이 편을 나누어 활쏘기 시합을 했다는 내용이《난중일기》곳곳에 보인다.

조총과 활은 거리와 정확도 면에서 비교가 되지 않았다. 임진왜란 초기 조선 육군이 연전연패한 이유 중에는 조총과 활의 이 같은 차이도 한몫했다. 이순신도 사천해전에서 왼쪽 어깨에 관통상을 입었고, 결국 노량해전에서 적탄에 맞아 전사했다. 이처럼 조총은 임진왜란 중 조선군에 가장 큰 위협이었다.

일본은 1543년 규슈(九州) 남쪽 다네가시마(種子島)에 표착한 포르투갈 상인으로부터 소총을 처음 입수하고, 이를 연구해 대량생산에 성공했다. 이를 철포(鐵砲, 뎃포)라고 불렀다.[5] 이 철포가 임진왜란 때 사용되면서 나는 새도 떨어뜨릴 만큼 명중률과 위력이 뛰어나다고 해서, 조선에서는 조총(鳥銃)이라는 이름이 붙여졌다.

---

5 "철포는 당시 조선이나 명나라가 가지고 있던 재래식 화기와는 전혀 다른 신무기였다. 조선의 총통은 심지에 직접 불을 붙여서 쏘는 지화식(指火式) 화기로 사격이 더디고 조준이 어려웠다. 이에 반해 철포는 격발장치가 있어 방아쇠를 당기면 용두(龍頭)에 끼워져 있는 화승이 약실의 화약에 불을 붙여줌으로써 탄환이 순간적으로 발사되는 방식인 화승식(火繩式)으로 사격이 신속하고 정확했다. 전래 당시 전국시대였던 일본은 철포가 빠르게 보급되었고 또 이를 계속 개량하여 성능을 높여나갔다. 동시에 철포를 이용한 보병부대와 전술을 발전시켜 나갔다. 이로 인해 일본은 무사 중심의 기마전술에서 개인 총기로 무장한 경보병 중심 전술로 옮겨갔다."(현충사 자료실)

조총은 임진왜란 발발 전인 1589년 6월에 쓰시마 도주 소 요시토시가 조선에 통신사 파견을 간청하기 위해 서울에 올 때 공작 두 마리와 함께 선물로 가져오면서 조선에 처음 들어왔다(《징비록》). 조총을 선물한 것은 일본은 이런 무기를 대량생산하는 나라이니, 조선은 조심하라는 의미가 담겨 있었다.

그러나 조선은 조총을 처음 접하는 만큼 그 성능조차 몰랐으니, 조총의 위력이나 조총개발에 따른 보병전술의 획기적인 변화 등을 알 리 없었다. 선물로 받은 조총은 군기시(軍器寺[군대의 병기 등을 관장하던 기관]) 창고에 방치돼 있었다. 당시 조선 조정은 가공할 무기인 조총을 분석, 연구, 개발하기는커녕, 그저 일본군을 일본도와 창을 가지고 노략질하는 과거의 왜구와 비슷한 집단쯤으로만 생각하고 있었던 것이다.

이순신은 임진왜란 중 일본군이 사용하는 조총에 비상한 관심을 기울이고 있었다. 부하들로 하여금 일본군이 버리고 간 조총을 수습해 그 구조와 성능을 분석, 제조방법을 연구토록 했다. 이순신이 전투에서 습득한 조총을 30정, 또는 5정을 조정에 올려보낸다는 내용이 장계에도 등장한다.

조선제 조총 제작에 성공한 이순신

이순신은 전라좌수사로 임명되자 일본군이 쳐들어올 가능성이 크다고 보고 이에 대비해 미리 거북선을 개량해 실전용 철갑선으로 만들어 놓았고, 전쟁발발 후엔 조총의 위력과 효용성을 실감하고 조총 제작에 몰두했다. 이순신은 임진왜란 발발 이듬해 조총을 만드는 데 성공한다.

이순신은 정철(正鐵, 무쇠)로 만든 조총 다섯 자루를 임금에게 올리고, 권율 도원수에게도 한 자루를 보내어 고을마다 같은 모양으로 만들도록 건의하고 있다(《이충무공전서》, 권3, 장계21, 1593년 8월 날짜 미상). 이순신은 '조선제 조총'이 '왜총'보다 더 뛰어난 성능을 가졌다며, 다음과 같이 크게 만족하고 있다.

정철 총통은 전쟁에서 가장 긴요한 것이건만 우리나라 사람들은 그 조작하는 묘법을 잘 알지 못했다. 이제야 온갖 연구를 거듭하여 조총을 만들어냈다. 이것은 왜총과 비교해도 더 좋아서, 명나라 사람들이 진중에 와서 사격을 시험해보더니 잘 되었다고 칭찬하지 않는 이가 없는 것은 이미 그 묘법을 알았기 때문이다. 도내(道內)에서 같은 모양으로 넉넉히 만들어 내도록 순찰사, 병사에게 그 견본을 보내고, 또 공문을 돌려서 알리도록 했다.

_____ 《난중일기》, 1593년 9월 15일

이순신이 《태종실록》(1413년 5월 초)기사에 등장하는 거북선을 실전에 사용할 수 있도록 세계 최초의 철갑선으로 개량, 제작하는 창조적인 기술뿐만 아니라 적군의 위력적인 무기인 조총을 연구해 더 성능이 좋은 조총으로 만들어내는 모방 기술도 겸비하고 있음을 말해주는 대목이다.

그런데 선조는 이순신이 '왜총보다 더 좋은 조총'을 만들어 올려 보낸 지 수 개월 후, 당시 영의정으로 호서 호남 영남 삼도체찰사로 임명돼 군무까지 총괄하던 류성룡에게 처음 조총을 만들었다면서 보여주었다는 기록이 있다. 그러나 이 총은 실용화되지 못한 채로 유명무실화한 것 같다.

> 임금이 류성룡에게 전교하였다. "조총은 천하에 신기한 무기인데 다만 화약을 재기가 쉽지 않아서 혹시라도 선이 끊어지면 적의 화살에 맞아 죽게 될 것이다. 내가 이를 염려하다가 우연히 이런 총을 만들었는데 한 사람은 조종하여 쏘고 한사람은 화약을 재어 돌려가면서 다시 넣는다면 탄환이 한없이 나가게 될 것이다. 다만 처음 만든 것이라 제작이 정교하지는 못하다. 지금 경에게 보내니 비치하여 놓고 한번 웃기 바란다."
>
> _____《선조실록》, 1593년 11월 12일

　　선조가 '정교하지 못한 총'을 류성룡에게 보내기 전에, 이순신이 보낸 '성능이 좋은 조선 조총'에 대해 언급한 기록은 없다.

　　영의정 류성룡은 선조에게 훈련도감설치를 건의한 후 1594년 2월에 훈련도감 책임자(도제조)로도 임명돼 수백 명의 병사를 뽑아 훈련시키면서 조총사격 연습도 시킨다. 이순신이 올려보낸 성능이 뛰어난 총을 사용했는지, 선조가 내려보낸 조잡한 총을 사용했는지 알 수 없으나 류성룡은 병사들의 조총실력이 상당한 수준에 이르렀다고, 다음과 같이 적고 있다.

또 조총을 가르치려 하였지만 화약이 없었다. 그때 군기시 장인(匠人)인 대풍손(大豐孫)이 적의 진영에 들어가 화약을 많이 만들어서 적에게 주었다는 죄목으로 강화에 가두어 두고 장차 [그를] 죽이려 하였는데 나는 특별히 그 죄를 용서하고 그 대신 [대풍손에게] 염초를 제조하라고 하였다. 그 사람은 감사하고 두려워하여 온 힘을 다해 하루에 [염초를] 수십 근씩 만들었다. 그 염초를 날마다 각 부대에 나누어 주어 밤낮없이 훈련하게 하고는 잘하고 못하는 자들에게 상벌을 주었다. 한 달이 지나자 날아가는 새를 맞출 수 있게 되었고, 몇 달 뒤에는 항왜나 명나라 남부의 병사들 가운데 조총을 잘 쏘는 자들과 비교하여도 못함이 없거나 더 나은 자들도 나타났다 …

_____ 《**징비록**》

류성룡이 훈련시킨 훈련도감의 병사 말고도, 이순신을 비롯한 장수들이 각 진영에서 조총제조와 사격훈련 등을 실시하고 있었던 만큼 이 무렵엔 조총실력이 일정 수준에 달한 조선군 병사가 어느 정도 있었다고 추론할 수 있다.

이순신과 항왜 사야가

부산상륙 직후 조선에 투항한 사야가

이순신은 조총을 제작하는 과정에서 사야가(沙也可)라는 항왜에게 조총에 대해 문의한다.

임진왜란 당시는 물론 현대에 이르기까지 항왜 중 가장 유명한 인물이 바로 이 사야가(1571~1642년)다. 사야가의 후손들이 후세에 만든 《모하당문집(慕夏堂文集)》에 따르면 가토 기요마사의 가신이었던 그는 임진왜란이 발발(당시 22세)하자 가토군의 우선봉장으로 부산에 상륙한 직후 자신의 군사 3천 명을 이끌고 경상좌병사 박진(朴晉)에게 귀순했다고 한다. 사야가는 조선 측 사료에만 나오는 이름으로 그의 일본명, 출신지역 등은 현재까지 불명이다.[1] 그가 쓴 강화서에 밝힌 귀순 이유는 다음과 같다.

이번에 청정(淸正)이 명분 없이 군사를 일으킬 제 ··· 본의 아니게 선봉이 되어 삼천 명의 병사를 이끌고 본국[조선]으로 왔습니다. 처음으로 민심과 물정을 살펴보니 비록 전란 중이나 의관문물이 과연 평소에 듣던 바와 같이 삼대 예의가 여기에 있는 듯하였습니다. 저는 문득 중화의 족이 되어보고 싶은 생각이 간절하여 차마 인의의 나라를 해칠 수 없고 차마 삼대의 유민을 잔혹하게 할 수 없어 싸움에 뜻이 없어졌습니다.

_____ **사성(賜姓) 김해김씨종회 편,《모하당문집 부실기(附實記)》, 1996년**

사야가는 투항 후 조선군에 종군하며 일본군과의 전투에서 공적을 올렸을 뿐 아니라 조총과 화포, 화약 제조및 사용 방법 등에서도 크게 기여했다.《모하당문집》에는 아래와 같은, 귀화 직후 사야가가 경상좌병사 박진에게 보낸 서신이 실려 있다.

---

1 사야카는 투항한 이래 죽을 때까지 자신의 본명 등을 일절 밝히지 않았다. 1774년, 영조는 상소를 올린 영남유생인 김충선의 6대손 김치우(金致禹)를 직접 불러 김충선이 "왜에 있을 때의 거주지명 등은 반드시 전래된 기록이 있어 너는 그것을 알고 있을 것이 아니냐고 물으시니 치우는 이에 대해 명백히 모릅니다(上曰, 在倭時所居地名等事, 必有傳來記知矣, 汝能知之乎? 致禹對不能明白)라고 답했다"(《승정원일기》, 영조 50년 4월 23일)는 기록이 있다. 이때는 김충선 사후(1642년) 130여 년이 경과한 시점으로, 김충선은 자손들에게도 본국에 있는 가족 등이 위해를 겪을 것을 생각해서인지, 자신의 본명 등을 알려주지 않았음을 말해준다. 일본에서는 사야가가 과연 누군가에 대해서는 여러 가지 설이 있다. 전국시대 히데요시에게 섬멸당했던, '사이카 슈雜賀衆'라고 불리던, 기이(紀伊, 현재의 와카야마(和歌山)현 와카야마시)의 철포부대 집단 출신이라는 것이 유력한 설이다. 바로 이 '사이카'가 '沙也可(사야가)'가 되었다는 해석이다. 사야가가 투항 후 조선 측에 조총과 화약 제조및 사용 방법을 전승한 사실이 있어 더욱 그럴듯하게 받아들여지고 있다. 와카야마현에는 2010년 '사야가현창비(沙也可顯彰碑)'가 세워졌다. 사야가는 와카야마현 이외에 히젠(肥前, 현재의 사가(佐賀)현), 쓰시마 출신이라는 주장도 있다.

"소장이 귀화한 이후에 본국의 병기를 둘러볼 때 비록 칼과 창과 도끼와 활이 있기는 하나 직접 전투에 당해서는 쓸 만한 무기가 거의 없으니 개탄할 일입니다. 둔한 무기로 싸우는 것은 자기 군사를 적에게 내어 맡기는 것입니다. 소장이 화포와 조총 만드는 법을 알고 있으니 이 기술을 군중에 널리 가르쳐 전투에 쓴다면 어떤 싸움엔들 이기지 못하리까?"

이순신, 사야가에게 조총에 대해 묻다

당시 조총 제작에 심혈을 기울이던 이순신이 사야가에게 조총 제작과 관련해 편지를 보내자, 사야가는 이순신에게 다음과 같이 답하고 있다.

"… 하문하옵신 조총과 화포와 화약 만드는 법은 전번에 조정에서 내린 공문에 의하여 벌써 각 진에 가르치고 있는 중이옵니다. 바라옵건대 총과 화약을 대량으로 만들어서 기어코 적병을 전멸시키기를 밤낮으로 축원하옵니다."

이순신뿐 아니라 많은 장수 등이 조총제작 등과 관련해 사야가와 주고받은 서한이 《모하당문집》에 남아 있다. 그러나 이순신이 사야가에게 보낸 편지나 이순신이 사야가를 직접 만났다는 기록은 없다.

'배반자'에서 '한일우호의 상징'으로

임진왜란 중 큰 공적을 쌓은 사야가에게 국왕은 김해 김 씨 성과 이름을 하사해 그는 김충선(金忠善)이 되었다.[2] 호는 모하당(慕夏堂)이다. 김충선은 이후 10년간 북방에서 여진족 방어에 공을 세워 정2품 정헌(正憲)대부에 올랐다. 김충선은 그 뒤 이괄의 난과 병자호란 때도 큰 공을 세웠다.

그는 1600년 진주목사 장춘점의 딸과 혼인하여 현재의 대구시 달성군 가창면 우록동에 거처를 두고 살았으며 본처 장 씨와 측실 사이에 5남 2녀를 두었다. 김충선은 조선에 온 지 만 50년 되던 1642년, 72세 때 조선땅에 뼈를 묻었다. 그의 후손들은 대대로 우록동을 근거지로 살았다. 김충선에 대한 평가는 시대에 따라 바뀌고 있다.[3]

일제강점기 일본인들에게 '매국노', '일본 무쌍(無雙)의 불충자(不忠者)', '혼혈아' 등으로 비난, 괄시받았던 김충선은 오늘날에는 '한일

---

2 원래의 김해 김 씨와 구분하여 김충선에게 하사한 성은 '사성(賜姓) 김해 김 씨'로 부른다. 박정희 정권에서 내무·법무장관을 지낸 김치열(1921~2009년)이 김충선의 후손이다.

3 1910년 일본의 한국강제병합을 전후해 일본역사학계에 사야가의 역사적 실재를 부인, 말살하려는 움직임이 있었다. 즉, 시데하라 다이라(幣原坦), 나이토 고난(內藤湖南), 아오야나기 쓰나타로(青柳綱太郎) 등 일본의 조선사, 동양사학자들은 "우리 황국에 있어 사야가와 같은 배반자가 있을 리가 없다. 모하당문집은 위작, 사야가 = 김충선은 매국노다"라고 단정했다. 이 때문에 김충선의 자손뿐만 아니라 그 외 많은 항왜 자손들이 일본 측으로부터 배반자, 매국노로 취급되었다. 그런데 1933년 당시 조선총독부의 조선사 편찬에 참여하고 있던 나카무라 히데타카(中村榮孝)가 작업과정에서《승정원일기》및《조선왕조실록》에 기록돼 있는, 김충선을 비롯한 많은 항왜의 존재를 증명했다.(〈모하당 김충선에 관한 사료에 대하여(慕夏堂金忠善に関する資料について)〉,《청구학총(青丘學叢)》제12호, 1933년 5월) 이로써 김충선이 역사상 실재한 인물임이 확인되어, 김충선 연구에 획기적인 전기를 마련했다(기타지마 만지, 〈이순신《난중일기》에 보이는 격군과 항왜〉, 2016년)는 평가다.

우호의 상징', '한일평화의 가교'로 평가받으며, 양국교과서(한국 1998년 중학도덕, 1999년 일본 고교역사)에도 실렸다. 우록동에는 달성한일우호관(2012년)이 지어져, 한국인을 비롯해 많은 일본인들이 방문하고 있다.

4 　　　　　　　　이순신과 히데요시

이순신, 히데요시 관련 정보도 입수

임진왜란을 일으킨 도요토미 히데요시는 조선에 건너오지 않았기 때문에 이순신을 만난 적이 없고, 이순신의 이름을 알았다는 기록도 없다. 다만 히데요시는 개전 초 일본 수군이 이순신에게 연전연패했을 때, 조선에 있는 일본군 장수들에게 조선 수군과는 싸우지 말라는 명령을 잇달아 내리고 있어 조선 수군의 강력함은 충분히 알고 있었다. 이 과정에서 히데요시도 보고를 통해 조선 수군을 이끄는 뛰어난 장수의 존재를 알았거나 의식하고 있었을 것이다.

반면 이순신은 히데요시의 이름을 알고 있었고, 항왜 등을 통해 불확실하지만 히데요시와 관련한 정보도 접하고 있었다. 또 이순신은 히데요시가 부하장수에게 준 금부채를 입수하는, 묘한 인연을 가지고 있다. 먼저 히데요시가 임진왜란을 일으킨 과정을 잠시 살펴보자.

임진왜란은 15~16세기 약 100년간에 걸친 일본 전국(戰國)시대의 혼란을 종식시키고, 1590년 일본을 통일한 히데요시의 동아시아 정복이라는 야욕에서 비롯되었다. 히데요시는 통일에 앞서 1585년 규슈지역을 평정한 뒤, 규슈 북단 쪽에 위치한 쓰시마의 도주 소 요시시게(宗義調)와 요시토시(宗義智) 부자에게 새로이 쓰시마의 영주 자리를 보장하는 전제 조건으로 조선으로 하여금 일본에 복속토록 교섭하라는 명령(1587년)을 내렸다. 히데요시는 조선을 쓰시마의 속령으로 생각했기 때문에, 쓰시마 다이묘 소 씨로 하여금 조선국왕을 일본에 복속토록 하라고 지시한 것이다. 히데요시는 이때 규슈 남단의 사쓰마(薩摩, 현재의 가고시마(鹿兒島)현)번의 다이묘 시마즈(島津) 씨에게는 류큐(琉球)왕국 복속을 지시했다. 결국 류큐는 시마즈 씨의 침략(1609년)을 받아 그 지배 하에 놓이게 되어, 오늘날의 오키나와(沖繩)현이 됐다.

　　그러나 소 씨 측은 조선이 이를 받아들이지 않을 것으로 판단해 승려 겐소(玄蘇)를 정사, 요시토시를 부사로 삼아 서울로 파견(1589년 8월)해 일본에 천하통일을 이룩한 새로운 왕이 나타났으니 조선 측이 축하하는 사절을 보내라고 교섭한다. 우여곡절 끝에 조선은 황윤길을 정사, 김성일을 부사로 하는 통신사를 요시토시 등과 함께 일본에 보내 히데요시를 만나게 했다(1591년 11월). 그러나 히데요시는 이들을 축하사절이 아니라 복속사절로 여기고, 통신사들에게 탁주에 구운 떡 한 접시만 내놓는가 하면, 안고 나온 자식이 오줌을 싸는 등 외교관례를 무시하는 방약무인한 태도를 취했다.

히데요시의 금부채

귀국하는 통신사에게 답장도 주지 않은 히데요시가 조선국왕에게 마지못해 내어준 국서에는 ▽자신의 천하(天下), 이국(異國), 이역(異域)통일은 천명에 의한 것으로, ▽내가 원하는 것은 명을 정복하여 아름다운 이름(佳名)을 세 나라에 떨치는 것으로, 조선국왕은 '명을 치는 데 앞장서라(征明嚮導, 정명향도)'는 내용이 담겨 있다.

당시 명을 종주국으로 섬기는 조선으로서는 받아들일 수 없는 오만방자한 내용이었다.[1] 통신사는 이 국서 내용에 이의를 제기하며 내용변경을 요구했으나 받아들여지지 않자 어쩔 수 없이 귀국(1591년 3월)했다. 황윤길은 부산에 도착하자 "반드시 병화(兵火)가 있을 것이다(必有兵火)"라는 내용의 긴급 보고서를 올렸다. 황윤길은 서울에 도착해 임금에게 귀국보고를 할 때도 같은 내용을 전했다. 그러나 김성일은 "신은 그런 정황을 보지 못했습니다. 황윤길이 인심을 동요시키니 이는 옳지 못합니다"라는, 저 유명한 상반된 복명을 올렸다.

이때 통신사 일행과 같이 서울에 온 겐소 등 일본사절단은 '명을 치는 데 앞장서라'는 국서의 내용을 '일본군이 명으로 들어가기 위해

---

[1] 히데요시는 임진왜란 초반 일본군이 파죽지세로 서울을 함락(1952년 5월 2일)시키자 명나라 정복을 서두른다. 히데요시는 "명나라까지 남김없이 정복하여, 천황을 북경(北京)으로 이주시키고 나 자신은 영파(寧波, 저장성)에 거주하며 천축(天竺, 인도)정복에 착수할 것"이라고 호언장담한다. 그는 이어 1593년에는 인도 고아총독, 필리핀 마닐라의 에스파냐총독, 고산국(타이완)에 복속과 입공을 요구하는 등, 아시아 전역을 정복한다는 야욕을 드러냈다. 그러나 이 같은 구상은 히데요시가 당시의 국제정세와 다른 나라에 대한 상황을 제대로 파악하지 못한, 현실과 동떨어진 것이었다. (기타지마 만지, 《도요토미 히데요시의 조선침략》, 1995년. 한국 역사교과서연구회, 일본 역사교육연구회 공편, 《한일교류의 역사》, 2007년)

길을 빌려 달라(假途入明, 가도입명)'는 것으로 멋대로 바꾸어 조선 측에 전달했다. 이 역시 조선이 받아들일 수 없는 내용이었다. 히데요시는 자신의 요구를 조선이 거부하자 규슈 북부의 히젠 나고야(肥前名護屋, 현재의 사가(佐賀)현 가라쓰(唐津)시)에 거대한 성을 쌓고, 이곳을 전진기지로 삼아 조선침략에 나선다.[2]

이순신은 임진왜란 발발 초기인 당포해전에서 부하로부터 히데요시가 조선에 출전한 장수에게 준 금부채를 입수하자 이를 임금에게 올려보낸다. 당포해전의 승전을 보고하는 장계(1592년 6월 14일)에 다음과 같은 내용이 있다.

… 그날 당포에서 접전할 때[같은 해 6월 2일] 우후 이몽구(李夢龜)가 왜장의 배를 수색하여 얻은 금부채 한 자루를 신에게 보냈는데, 그 부채의 일면 중앙에 씌어 있기를 '6월 8일 히데요시(六月八日秀吉)'라 서명하였고, 오른편에 '하시바 지쿠젠노카미(羽柴筑前守)'라는 다섯 자를

---

2 가라쓰 지방은 고대시대부터 한반도에서 해류를 따라 규슈로 오는 뱃길이 닿는 곳으로, 이 일대 해안가에는 한글 표기의 라면 봉지, 막걸리 펫트병 등이 널려 있을 정도다. 히데요시는 쓰시마를 거쳐 한반도 남해안으로 가는 길목에 위치한 이 곳에, 자신의 본거지인 오사카성 다음 가는 규모의 군사기지 나고야성을 건설해, 임진왜란 중 수십만 대군을 조선으로 출병시켰다. 임란 후 수백년 간 폐허 상태로 있던 옛 성터에 1993년 '나고야성 박물관'이 건립됐다. 이 박물관 안내판에는 "일본열도와 한반도의 사람들은 오랜 옛날부터 교류해 왔는데 '분록. 게이초의 역'[임진. 정유재란]은 그 관계를 일시 단절시켰던 불행한 역사였다 … 나고야성 박물관은 이 전쟁의 반성 위에 … 앞으로 양국교류와 우호의 추진 거점이 될 것을 목표로 하고 있다"고 적혀 있다. '반성'이라는 한마디는 들어가 있지만, 박물관 전시실에는 정작 가해의 참상을 말해주는 전시물은 거의 없다. 2018년 정월, 이곳을 찾았을 때 겨울방학을 이용해 한국에서 단체로 견학여행을 온 수십 명의 고등학생들이 일본인 해설사로부터 한국어 설명을 듣고 있었고, 관람객도 일본인보다는 오히려 한국인이 더 많았다. 박물관 인근의, 오징어 요리로 유명하다는 요부코(呼子) 포구에도 한국인 관광객들의 발걸음이 이어지는 등 임란의 일본 측 옛 전진기지는, 어느덧 한국인들에게 일본탐방의 새로운 명소가 되고 있었다.

도요토미 히데요시(1537~1598년)

썼고, 왼편에는 '가메이 류큐노카미도노(龜井流求守殿)'라는 여섯 자를 썼으며, 이를 옷칠한 갑 속에 넣어 두었다고 하니 필시 도요토미 히데요시가 지쿠젠 노 카미에게 부신(符信[조선시대 병조 등에서 발행한 여러 가지 신표(信標)])으로 보낸 것입니다.

_____ 《이충무공전서》, 권2, 〈장계〉18 〈당포파왜병장(唐浦破倭兵狀)〉

실제로 이 부채는 히데요시가 임진왜란이 일어나기 10년 전인 1582년, 가메이 고레노리(龜井玆矩), 즉 가메이 류쿠노카미(龜井流求守)에게 준 것이다. 가메이가 임진왜란 중에도 이 부채를 가지고 있었는데 이몽구가 당포해전 중 우연히 손에 넣게 된 것이다. 히데요시는 일본을 거의 평정한 무렵인 1586년, 태정대신이 되어 조정으로부터 '豊臣(도요토미)'이란 성을 받았다. 그 이전 성은 '羽柴(하시바)'였다. 따라서 '하시바 지쿠젠노카미(羽柴筑前守)'는 히데요시를 의미하는데, 이를 몰랐던 이순신은 다른 사람으로 잘못 알고 있었던 것이다. 이순신은 이 금부채를 임금에게 올려 보낸다고 같은 날자 장계에 적고 있다.

히데요시의 해전 중지 명령

《난중일기》에는 이순신이 히데요시가 전쟁을 직접 지휘하기 위해 조선에 건너오려 한다는 정보를 보고받는, 다음과 같은 기사가 있다.

사도시(司導寺[궁중에서 필요한 쌀과 장 등을 공급하는 일을 맡은 관아])의 주부(主簿) 조형도가 와서 전라좌도에 있는 왜적의 형세와 항왜가 보고한 내용을 전했다. 그 내용은 "도요토미 히데요시가 출병한 지 3년이나 되었는데도 끝내 성과가 없으므로 군사를 더 내어 바다를 건너 부산에 진영을 설치하려고 하는데 3월 11일 바다를 건너오기로 이미 정했다"고 한다.

_____《난중일기》, 1595년 3월 11일

그러나 이는 정확한 보고가 아니었다. 이때 히데요시는 조선으로 건너오겠다는 계획을 세우지 않았고, 그해(1595년) 봄에 조선으로 건너오지도 않았다.

이에 앞서 1592년 6월경, 히데요시는 임진왜란 발발 후 조선침략의 성과가 미흡하자 1593년 봄에 자신이 조선으로 건너오겠다는, 즉 도해(渡海) 방침을 정했다.

히데요시가 조선에 건너오려고 했던 것은 이순신과 관계가 있다. 일본 수군은 한산도해전(1592년 7월 8일)과 안골포해전(같은 해 7월 10일)에서 이순신에게 연패당해 각각 66척, 20여 척의 전함이 소실되는 막대한 피해를 입었다. 왜장 와키자카 야스하루(脇坂安治)는 한산해전에서 도망쳐 겨우 목숨을 구했다. 두 해전에서의 참패를 보고받은 히데요시는 와키자카에게 "앞으로는 해전을 중지하고, 구키 요시다카(九鬼嘉隆), 가토 요시아키(加藤嘉明) 등과 함께 거제도 및 그 주변에 성을 쌓고, 진을 갖춰 육지에서 조선 수군을 쳐라"라는 명령(1592년 7월 14일)을 내렸다. 이어 이틀 후 히데요시는 역시 수군장수인 도도 다카도라(藤堂高虎)에게 "내 명령이 내려지기 전까지는 조선 수군에 싸움을 걸어서는 안 된다"고 지시했다. 그리고 같은 해 11월에도 히데요시는 와키자카 등 수군장수들에게 ▽히데요시 자신이 내년 봄, 조선에 건너가 조선 수군을 격파한다. 그때까지는 조선 수군이 공격해 오더라도 응하지 말 것, ▽거제도의 성을 견고히 지키는 것이 제일 중요하며, 일본 수군에 피해만 없다면 그것으로 좋다라고 지시하고 있다. 히데요시는 일본 수군이 이순신이 이끄는 조선 수군과의 전투에서 연전연패당하자 해전에서는 승산이 없다고 판단하고, 해전 중지의 작전명령을 지키라고 지시한 것이다.

임진왜란 개전(1592년 4월) 때 조선으로 건너온 일본군 병력은 9군으로 편성된, 총 15만 8700명에 달했으나 일본 수군은 그 가운데 1만 명이 채 안되는 소규모(9450명)로 구키 요시다카 등 9명의 다이묘가 지휘했다.[3] 그러나 수군에 편성된 이들 다이묘들은 수군업무뿐만 아니라 육전이나 육군 관련 잡무도 보고 있었다.

수군장수인 구루시마 미치유키(來島通之), 미치후사(通總) 형제는 제5군에 편성되어 1592년 5월, 서울과 부산에 히데요시가 숙박할 시설을 건설하라는 지시를 받고 있었고, 군선 관련 업무를 담당하는 '후나부교(舟奉行)'였던 와키자카는 같은 해 6월 초, 용인전투에 참가해 조선군을 격파한다.

---

3 〈임란초기 일본 수군 병력현황〉
구키 요시다카(九鬼嘉隆) 1,500명, 도도 다카도라(藤堂高虎) 2,000명, 와키자카 야스하루(脇坂安治) 1,500명, 가토 요시아키(加藤嘉明) 1,000명, 구루시마 미치유키(來島通之) 700명, 스게 다쓰나가(管達長) 250명, 구와야마 가즈하루(桑山一晴) 1,000명, 호리노우치 우지요시(堀內氏善) 850명, 스기와카 우지무네(杉若氏宗) 650명, 총 9,450명 《일본제국해상권력사강의》, 1902년)

이 같은 사실은 임진왜란 초기 일본군이 수군과 수전을 경시한 채 육군 중심의 편제로, 육전 위주의 전투를 진행했음을 말해준다.

그런데 히데요시가 조선에 직접 건너가 전쟁을 지휘하겠다고 하자, 도쿠가와 이에야스 등 그의 핵심 측근인 다섯 대로(五大老)들의 의견은 엇갈렸다. 이들은 히데요시 앞에서 격론을 벌였다. 이시다 마쓰나리(石田三成) 등은 히데요시의 조선 도해를 서두르지 않으면 일을 성공시킬 수 없다고 강조했으나 이에야스, 마에다 도시이에(前田利家) 등은 히데요시에게 "만일의 사태가 일어난다면 천하는 끝난다"고 강조했다. 결국 히데요시는 도해반대 주장을 받아들였다. 이에 따라 히데요시의 도해계획은 다음 해(1593년) 3월까지 일단 연기되었고, 결국 히데요시는 임진왜란 도중 병사(1598년 8월)할 때까지 조선에 오지 않았다.

그 대신 1592년 6월, 히데요시의 심복 이시다 마쓰나리 등이 조선에 있는 일본군을 감독하고, 군정수행을 하는 직책인 '조선부교(朝鮮奉行)'로서 건너왔다. 히데요시가 조선에 있는 일본군 장수들에게 잇달아 해전을 금지하고 육전을 벌이라고 명령한 것은 일본 수군이 장악하고 있는 부산포와 그 인근해역을 제외한 남해안 지역의 제해권을 조선 수군이 장악하고 있다는 것을 반증한다고 할 수 있다.

앞서 잠깐 언급했지만 문신이면서 병학에도 조예가 깊었던 류성룡은 일본군이 수전에 약한데도 불구하고 조선 수군이 약하다는, 당시 조정의 주장을 다음과 같이 개탄하고 있다.

왜놈은 우리보다 수전에서는 뒤떨어지는데, 애초에 생각이 얕은 사람들이 우리 군사는 수전이 유리하지 않다고 망령되이 말해, 적병으로 하여금 마음대로 육지로 올라오게 하였는데, 사람의 꾀가 훌륭하지 못하는 것도 또한 하늘이 하는 일인 것이니, 그러고도 또한 무슨 말을 하겠습니까?

_____《진사록》

이순신은 명나라 황제의 임명장을 받지 않은 가짜 사절과 일본 간에 강화교섭이 진행 중일 때 히데요시가 명나라 황제에게 화의조건 7개항으로 올린 "명나라 황제의 공주를 일본천황의 후비로 삼고, 일본과 명나라 사이의 감합(勘合)무역[명나라가 발행한 공식 입국증 명서인 감합부를 지참한 배에 의한 무역]을 부활하고, 조선의 남쪽 4도를 일본에 분할해주고, 조선의 왕자를 볼모로 일본에 보낸다."(《남 선구기(南禪舊記)》, 〈화의조건7조〉) 등의 내용을 담은 문서 초본을 낙 안(전남 순천시 낙안동)군수로부터 받아보고, "통분함을 이길 수가 없 었다"고 일기에 적고 있다(《난중일기》, 1593년 8월 26일).

그런가 하면 이순신은 항왜로부터 히데요시가 죽었다는 잘못된 정보를 전해 듣고, 한때 기뻐하기도 했다. 그러나 그 정보의 신빙성에 는 의문을 품었다.

… 이날 아침 항왜 난여문으로부터 히데요시가 죽었다는 말을 들었 다. 기쁘기 그지없었지만 믿을 수가 없었다. 이 말은 전부터 퍼졌으나 아직은 확실한 기별이 오지 않았다.

_____ **1596년 4월 19일**

임진왜란 중 아사 상태에 빠진 조선 인민의 모습을 그린
《에혼조선군기(繪本朝鮮軍記)》(후지타니 도라조(藤谷虎三) 저, 1888년)의 한 장면.

당시는 명나라와 일본 간에 강화교섭이 진행되고 있을 때여서 히데요시 사망설은 헛소문이었다. 히데요시는 명과의 강화교섭이 결렬되자 1596년 9월, 조선 재침략(정유재란)을 결정한다.

히데요시, 조선인 코 베어오라고 지시

임진왜란의 참상은 참혹 그 자체였다. 그 참상을 류성룡은 다음과 같이 적었다.

조선팔도가 굶주림에 허덕였다. 노약자들은 죽어 산골짜기를 메웠고, 장정은 도적이 되었다 … 심지어 부자나 부부가 서로 잡아먹었다. 해골이 풀처럼 널려 있는 지경이 되었다.

_____ 《징비록》

그런가 하면 임진왜란 때 조선에 의료 종군승(從軍僧)으로 건너왔던 일본 승려 교넨(慶念)도 지옥보다 더 비참한 광경을 보았다고 적었다.

우리 무사들의 난폭함은 참으로 무시무시하다. 민가는 말할 것도 없고 들이고, 산이고 모든 것을 불태우며 나아간다. 흰옷을 입은 사람(조선사람)이 보이면 남녀노소를 불문하고 베고, 죽통(안을 파내어 줄로 이어 만든)사슬로 목을 묶어 끌고 왔다. 부모는 아이를 찾고, 아이는 부모를 찾아 울부짖는 모습은 어떤 지옥도에도 그려지지 않은 비참한 모습이다 … 오늘도 또 보았다. 무엇을 하려는 것인가. 조선 아이들을 묶는 것은, 그 옆에서 두 손을 모아 빌면서 애원하는 부모를 그 자리에서 베어버리고 아이를 데리고 가는 것을 …

_____ 《조선일일기(朝鮮日日記)》

이 생지옥 속에 일본군에 의해 산채로 코를 베이고 살아 가야 했던 조선 사람들도 많았다. 히데요시는 정유재란이 발발한 1597년, 조선에 출전한 일본군에게 조선군 및 명군의 장수를 죽였을 경우에는 수급(首級), 즉 목을 보내고, 병사의 경우 코를 베어 일본으로 보내라고 지시한다.[4]

일본 전국시대에는 머리 대신 코를 베어 전공(戰功)의 증거물로 삼는 풍습이 있었지만, 임란 때 일본군은 '남녀노소, 승려나 서민에 관계없이', 즉 조선군 병사뿐만 아니라 비전투원의 코까지 베어갔다. 오히려 비전투원인 남녀노소가 대부분이었다고 한다. 히데요시가 조선군 병사의 코를 베어 보내라는 것은 코의 숫자를 전공 및 지행(知行 [영지, 봉토]) 증감의 증빙자료로 삼겠다는 것이었다. 일본군의 전투를 독려하기 위해서다. 조선에 출전한 각 다이묘는 휘하의 가신이 베어온 코를 모아 바치면 '비수삼천(鼻數三千)', '비수합팔십오(鼻數合八拾五)' 식으로 코 숫자가 표기된 일종의 영수증인 '코청취장(鼻請取狀)'

---

4 《난중일기》 등에는 이순신을 비롯한 조선 장수들이 임진왜란 중 전사한 일본군 장졸의 수급을 베어서 조정에 올린다는 기사가 곳곳에 보인다.

을 써주었다. 다이묘들은 가신이 베어온 코를 히데요시가 전장의 감찰역으로 보낸 군목부(軍目付)에게 보내 역시 코 청취장을 받았다.

코를 벤 것은 죽은 사람뿐만이 아니었다. 일본군은 조선 땅 도처에서 산사람의 코도 베었다. 임진왜란 당시 전라도 지방의 의병장으로 활동했던 조경남(趙慶男, 1570~1641년)이 남긴 기록에 다음과 같은 내용이 있다.

> 당초에 히데요시는 고바야카와 히데아키(小早川秀秋) 등을 보내는 날 명령하여 말하기를, "매년 병사를 보내어, 모든 조선인을 죽이고, 그 나라를 텅비게 만들라 … 그런데 사람은 귀는 둘이고, 코는 하나이니, 코를 베어 이를 수급에 대신하게 하라 … 산 사람을 잡아 마음대로 하는 것을 허용한다"고 했는데, 지금 와서 생각해보면 죽이던, 죽이지 않던 간에 즉, 코를 베어서 그 후 수십 년간, 우리나라에는 길거리에 코 없는 자가 매우 많았다.
>
> ───《난중잡록(亂中雜錄)》, 정유 7월

이 밖에 《징비록》에도 "인민을 살육하고 우리나라 사람을 잡으면 모두 그 코를 베어서…(殺戮人民 凡得我國人 悉割其鼻)"라는 내용이 있다. 이는 당시 일본군이 죽은 사람뿐만 아니라 도처에서 살아 있는 조선 사람의 코도 벤 사실이 있었음을 말해준다. 산사람의 코를 베어 보낸 것은 말할 필요도 없이 전공을 부풀리기 위해서였다. 국내에 있었던 사람들의 기록뿐만 아니라 임진왜란 중 일본에 포로로 끌려갔던 주자학자 강항(姜沆, 1567~1618년)이 귀국한 후에 쓴《간양록(看羊

일본 교토에 있는 임진왜란 당시 베어온 조선인의 코를 모아 묻어놓은 〈귀무덤〉

錄)》에도 "수길의 명령으로 조선사람의 코를 베어 소금에 절여 보냈다 … 코 무덤으로 한 개의 산이 세워졌다고 하니 얼마나 많은 동포가 희생되었을까 생각만 해도 몸서리쳐진다"는 대목이 있다. 살아 있는 채로 코를 베이고 또 그런 상태로 살아간 사람들의 고통과 참담함이란, 상상을 절한다.

일본군은 잘라낸 코를 소금에 절인 뒤 석회를 뿌려 항아리 속에 넣어 일본으로 보냈다. 히데요시는 1597년, '깊은 측은지심'으로, 승려들에게 조선에서 보내온 코를 모아 교토에 코무덤(鼻塚)을 만든 뒤, 시아귀(施餓鬼[굶주린 귀신이나 연고자가 없는 망령에게 음식을 바치는 법회])를 열어 공양(供養)하도록 명했다.

히데요시는 이 공양을 "명나라와 조선의 전사자들에게 자비를 베풀기 위해서"(《녹원일록(鹿苑日錄)》, 게이초(慶長) 2년(1597년) 9월 28일)라고 주장했으나, 그 코는 대부분 비전투원인 조선의 남녀노소 등 일반 백성들의 코였다. 최근에는 일본학계에서도 '허구(거짓)의 공양'(《도요토미 히데요시의 조선침략》, 2008년)으로 비판받고 있다.

이 무덤은 당초 코무덤으로 불렸으나 에도시대 초기 그 이름이 너무 야만스럽다 하여 귀무덤(耳塚)으로 바뀌어, 지금도 히데요시를 기리는 신사인 호코쿠신사(豊國神社) 인근에 그대로 남아 있다.

이 무덤에 묻혀진 코의 숫자는 정확히 알 수 없다. 재일 한국사학자 금병동(琴秉洞, 1927~2008년)은 "적어도 10만 이상으로 봐도 좋다"(《이총(耳塚)》, 1994년)고 주장한다. 이 무덤은 당시 일본군의 잔학 무도함을 드러내는 상징물이자, 우리에겐 끔찍한 치욕의 역사를 말해주는 증거물이다.

히데요시는 코무덤을 만들도록 지시한 이후 약 2년이 지난 1598년 8월 18일에 병사했다. 결국 히데요시의 아시아정복이란 허망된 꿈은 조선 수군을 이끄는 이순신의 제해권 장악에 의해 실패로 돌아갔다. 역사에는 가정이 없지만 만약 남해안의 제해권을 장악한 이순신이 없었다면, 히데요시의 조선정벌이란 야망이 성공해 동아시아의 역사는 크게 달라졌을지 모른다.

이순신과 쓰시마

이순신, 쓰시마를 육안으로 조망

쓰시마는 한반도와 가장 가까운 섬이다. 부산에서 약 50킬로미터 떨어져 있어 일기가 좋으면 부산 해안가에서 육안으로 보일 정도다. 원래 토지가 좁고 척박한 쓰시마는 식량을 밖에서 구해 생활해야 했기 때문에 예로부터 한국과의 관계가 깊었다.

쓰시마는 고려 말에는 조공을 바치고 쌀, 콩 등을 답례로 받아 가기도 했지만, 왜구의 소굴이 되면서부터 특히 조선 삼남지방은 왜구의 침입으로 많은 피해를 입었다. 고려는 왜구의 침입을 막기 위해 1389년(창왕 1년), 박위(朴葳)가 경상도순문사로 병선 100여 척을 이끌고 쓰시마를 쳐서 적선 300여 척을 불태우기도 했다.

조선시대에 들어와서도 쓰시마를 근거지로 한 왜구의 발호가 그치지 않자 1419년(세종 원년) 이종무(李從茂)가 병사 1만 7천 명을 병

조선 후기 화가 변박(卞璞, 생몰년 미상)이 그린 부산 초량의 왜관도.
초량 왜관의 면적은 약 10만 평에 달했고, 약 500명의 쓰시마 사람들이 상주하고 있었다.

선 227척에 태우고 쓰시마를 정벌하고 돌아왔다. 이때 일본에서는 규슈의 제후를 총동원하여 저항했고 원정군은 쓰시마 전체를 정벌하지는 못했지만 큰 타격을 가했다.

이종무 원정 다음 해(1420년) 쓰시마 도주(島主) 소 사다모리(宗貞盛)가 쓰시마를 경상도의 일부로 복속시키고, 조공을 바칠 것을 청하자 세종은 이를 허락한다. 이때 세종은 소 씨가 올린 서한에 "사람이 와서 편지를 받아 보고 귀하가 진심으로 뉘우치고 깨달아서, 신하가 되기를 원하는 뜻을 자세히 알았으며 … 또한 대마도는 경상도에 매여 있으니, 모든 보고나 또는 문의할 일이 있으면, 반드시 본도의 관찰사에게 보고를 하여, 그를 통하여 보고하게 하고, 직접 본조에 올리지 말도록 할 것"이라고 지시(《세종실록》, 1420년 윤 1월 23일자)하고 있다.

조선은 쓰시마 측에 부산포와 그 인근의 제포(또는 내이포, 경남 창원시 진해구), 염포(울산)의 삼포를 개방해 일본인의 거주와 무역을 허용해주었다. 그러나 삼포의 왜인 숫자가 늘어나면서 조선 관원과 마찰이 심해지고, 삼포왜란(1510년)이 일어나자 이들의 업무 및 거주 지역인 왜관을 폐쇄했다. 이후 다시 부산 초량에 왜관을 설치해주어 쓰시마 사람들이 상주하며 조선과의 무역 외에 일본의 대 조선외교 창구역할도 해왔다.

쓰시마는 임진왜란 때에는 일본군의 병참기지가 되는 등 조선침략의 주요한 근거지가 되었다. 12세기 가마쿠라 막부시대 이래 쓰시마를 통치해온 도주는 소(宗) 씨로,[1] 임진왜란 당시의 쓰시마 도주는 소 요시토시(宗義智)였다. 요시토시는 그의 장인 고니시 유키나가(小西行長)와 함께 임진왜란 때 선발대로 부산포로 쳐들어왔다.

뜻밖에도(?) 이순신이 멀리서나마 이 쓰시마를 직접 조망했다는 기록이 있다. 한산도는 부산보다는 쓰시마에서 멀리 떨어져 있어, 높은 봉우리에 올라가야만 쓰시마가 보이는 모양이다.《난중일기》에 다음과 같은 짤막한 기사가 있다.

… 들으니 한산도 뒷산 높은 봉우리에서 다섯 섬과 대마도가 보인다고 하기에 혼자 말을 달려 올라가 보니 과연 다섯 섬과 대마도가 보인다.

_____《난중일기》, 1596년 5월 15일

다섯 섬이란 쓰시마 아래쪽에 점재해 있는 고토(五島) 열도를 말한다. 필마단기로 산꼭대기로 올라간 이순신은 멀리서나마 적국의 영토를 육안으로 확인해본 것이다. 한산도에서 가장 높은 봉우리는 제승당 아래 남쪽에 있는 망산(望山, 해발 293미터)으로 제승당 쪽에서 도보로 올라가면 약 2시간 걸린다고 한다. 겨울 해가 짧아 제승당과 이순신이 통제사 시절 즐겨 찾았던 활터인 한산정 등을 둘러보고 통영으로 발길을 되돌렸다.

---

1 1910년 한국이 일본의 식민지가 된 후 고종의 딸 덕혜옹주(1912~1989년)는 일제의 강요로 쓰시마 도주 소 씨가의 소 다케유키(宗武志)와 정략 결혼을 했다.

선조, "대마도는 원래 우리땅"

그런데 이순신이 생존해 있고, 임진왜란 와중이던 1596년 국왕이 쓰시마 정벌에 관심을 보이고 있었다. 1596년 명과 일본과의 강화교섭이 진행될 때 조선사신의 자격으로 쓰시마를 거쳐 일본을 방문한 적이 있는 황신(黃愼)은 이때 쓰시마의 지형 등을 눈여겨보았다.

선조는 황신이 귀국 후 보고하는 자리에서 "대마도는 원래 우리나라의 땅이었는데 일찍이 왜적에게 빼앗긴 것이다. 지금은 그곳의 형세가 어떠하던가? 혹시 가서 정벌한다면 쉽사리 빼앗을 수 있겠는가?"라고 물어본다.

이에 황신은 "형세를 살펴보건대, 대마도는 비록 우리나라가 오늘과 같이 잔폐된 형편일지라도 … 또한 쉽사리 빼앗을 수 있을 것입니다. 또 대마도는 바다 가운데 멀리 떨어진 섬이므로 순풍을 만나지 않으면 아무리 급변이 있어도 즉시 일본과 연락하지 못할 것입니다…"(《선조실록》, 1596년 12월 21일)라고 설명하며, 쓰시마 정벌이 가능하다고 답한다. 그러나 당시 조선은 4년여 전쟁의 와중에 있어 쓰시마 정벌을 단독으로 실행하는 것은 어림없는 일이었다. 따라서 당시 쓰시마 정벌은 조선의 구원군으로 온 명이 승락, 참전하지 않으면 불가능한 상황이었다.

이때 국왕인 선조가 쓰시마를 본래 우리나라 영토였는데, 오래전 빼앗긴 땅이라고 인식하고 있는 점이 주목할 만하다. 임진왜란 전 통신사로 일본을 방문했던 김성일도 쓰시마에 머물 때 도주 소 요시토시가 가마를 타고 문으로 들어오는 외교적인 결례를 범하자 "대마도는 곧 우리나라의 번신(藩臣)이다. 사신이 임금의 명을 받들어 왔는데 어찌 감히 이처럼 능멸하는가. 나는 이 잔치를 받을 수 없다"라고 일갈하고 일어섰다. 이에 요시토시가 가마를 짊어졌던 자에게 책임을 돌려, 그의 목을 가져와 사죄하는 장면(《징비록》)이 있다.

이는 당시 국왕을 비롯하여 조선 지도층이 세종 대에 쓰시마 도주가 조선에 조공을 바치고 경상도에 복속을 청한 사실 등을 알고, 쓰시마를 조선의 옛 땅 또는 일개 번 정도로 인식하고 있었음을 말해준다.[2] 실제 쓰시마로부터 조선에 오는 사자(使者)는 조선 측이 정한 규정에 따라 조공을 바치는 형식을 취하고 있었다.

쓰시마의 사자들은 부산 왜관 밖의 '초량객사(草梁客舍)'라는 건물에서 먼저 조선국왕의 '전패(殿牌)'에 대해 네 번 절을 올리고(사배례(四拜禮)), 이어 연회가 열리면 조선 측 관리들에게 신하와 같은 예를 취하도록 되어 있었다. 이는 중세 이래의 관례였다(나카오 히로시(仲尾宏),《조선통신사(朝鮮通信使)》, 2007년).

선조가 대마도에 대해 언급하고서 2년, 이순신이 전사한 뒤 약한 달이 지난 1598년 12월 21일. 전라도 관찰사가 된 황신은 조명연합군을 결성해 쓰시마를 정벌하자는 다음과 같은 상소문을 올렸다.

대마도는 우리나라와 가장 가까운 곳에 위치하여 전부터 우리의 혜택을 받아온 지 오래였다고 봅니다 … 신이 지난 해에 사명을 받고 왜국

---

2 현대 한국에서도 이처럼 쓰시마가 조선에 조공을 바치고, 경상도에 복속하기를 자청한 만큼 쓰시마는 본래 우리 땅이라는 주장이 있다. 그러나 일본에서는 쓰시마가 조선에 조공을 바친 것은, 땅이 척박해 먹고 살기가 힘든 쓰시마로서는 어쩔수 없는 선택이었다고, 해석하고 있다.

을 오갈 때 이 섬을 경유하면서 그곳의 산천의 형세를 익히 살펴 마음 속에 기억하고 있습니다 … 이 섬의 육로는 험하고 좁지만 사방에서 넘어 들어갈 수 있습니다. 이른바 부중(府中)이란 곳은 바로 의지(義智 [소 요시토시])와 조신(調臣)이 거처하는 곳으로 인가가 겨우 3백여 호에 불과합니다. 그 밖에 풍기(豐崎), 좌호(佐護) 등 8부(部)는 100여 호에 불과하므로 장정들을 모조리 뽑는다고 하더라도 1천 명도 못될 것입니다 … 대마도에서 일기도(一岐島)까지의 거리는 5백 리쯤 되고 일기도에서 평호도(平戶島)까지 또 130리가 됩니다. 저들이 아무리 빠른 배로 기별을 하더라도 구원병이 나오자면 반드시 순풍을 기다려야 하니, 신속히 공격한다면 우리 뜻대로 성공할 수 있을 것입니다 … 물론 오늘날의 형세로 보아 스스로 수비하기에도 겨를이 없는데 어느 틈에 남의 나라를 도모할 수 있겠습니까. 다만 중국의 수병이 현재 남쪽 해상에 머물고 있으니 이곳에서 진격하여 정벌한다면 많은 힘을 소비하지 않아도 될 것입니다. 그러나 한 번 뱃머리를 돌린 뒤에는 다시 군사로 조발하기 어려울 것이니, 이때야말로 놓치기 아까운 절호의 기회입니다.

대마도 정벌 계획

황신의 쓰시마 정벌 상소에 대해 선조는 "소장을 비변사에 내려 내일 안으로 신속히 의논하여 아뢰도록 하라"고 지시했다. 다음 날, 비변사는 쓰시마 정벌을 위해서는 먼저 정탐을 해야 하고, 중국조정의

품의를 기다려야 한다는 등의 다음과 같은 부정적인 건의를 올렸다.

"… 그리고 우리나라의 피로한 군사로서는 결코 성공하기를 바랄 수 없습니다. 그러니 형세상 중국군에 의지하지 않을 수 없는데 중국 장수도 자기가 독단하기 어려운 것이므로 반드시 중국 조정에 품의를 기다려야 할 것입니다 … 한편으로는 군문·경리에게 알리고, 한편으로는 다방면으로 간첩을 보내 정탐을 계속한 뒤에 시세를 헤아려 살펴야 합니다 … 관계되는 일이 매우 중대하여 신들이 독단할 수 없으니, 널리 조정에 수의(收議)하여 처리하게 하소서"하니, 전교하기를, "대신과 비변사 당상은 각자 헌의하라"하였다.

_____《선조실록》, 1598년 12월 22일

이때 우의정 이덕형(李德馨)과 조선에 파견된 명의 증원군 총독 명나라 병부상서 형개(邢玠) 사이에 조명 연합군의 대마도 정벌에 관한 논의가 있었으나 명나라 측은 병사훈련 문제 등이 선결되어야 한다는 입장이어서 결국 흐지부지되고 말았다.

3장

이순신과 일본의 악연, 기타

1

요시라의 반간계

이순신, 관통상 상처에 고름이 줄줄

이순신이 전라좌수사에 임명(1591년 2월13일)된 후 전사할 때 (1598년 11월 19일)까지 7년여 기간 동안의 수군지휘관 생활 자체가 일본, 일본인과의 악연의 연속이었다. 이순신이 일본 수군과 벌인 첫 전투인 옥포해전을 비롯한 20여 차례의 해전이 모두 그야말로, 사투였다.

이순신이 처음으로 일본인에게 신체상 피해를 입은 것은 어깨 관통상이었다. 이순신은 임진왜란 발발 직후의 사천해전(1592년 5월 29일)에서 왼쪽 어깨 위에 탄환을 맞고도 전투를 계속한다. 전투가 끝난 후에야 탄환을 제거했는데, 그 모습이 너무나 의연해 주위 사람들을 놀라게 했다.

《에혼조선군기》(사가노 마스타로(嵯峨野增太郞) 편, 1885년)에 그려진 일본 수군 장수
가토 요시아키(加藤喜明)가 조선수군과의 해전에서 적함을 탈취했다는 장면.

하루는 이순신이 전투를 독려하다가 적의 유탄에 왼쪽 어깨를 맞아 피가 발꿈치까지 흘렀다. 그러나 그는 아무 말 하지 않다가 전투가 끝난 뒤에야 비로소 칼로 살을 찢고 탄환을 뽑았다. 탄환이 몇 치나 파고 들어가 있어서 그 모습을 보는 사람들은 모두 낯빛이 변하였지만 이순신은 담소를 나누며 태연자약하였다.

_____《징비록》

후일《징비록》이 일본에 전해지면서 일본인들도 이 장면에 대해 알게 되고, 임진왜란을 다룬 조선군기물인《에혼조선정벌기》에도 삽화로 그려져 있다. 전술했듯이 발틱함대와의 쓰시마해전에 출전한 가와다 소위 등 메이지시대의 일본 해군장교도 이 장면에 큰 감동을 받는다.

이순신 본인은 관통상을 당한 후 태연자약한 모습으로 탄환을 빼내게 했지만, 이 시기에 개인적으로 보낸 아래의 편지를 보면 상처로 인한 고통이 상당했음을 알 수 있다.

저번에 두 번이나 보내신 서신을 받고 곧바로 나아가 찾아 뵙고, 아울러 의병을 일으켜 적을 토벌하고 왕을 위해 힘쓸 일을 여쭙고자 했습니다. 그러나 교전할 때 스스로 조심하지 않아 시석(矢石[화살과 돌])을 무릅쓰고 뛰어들다가 적의 철환을 맞은 것이 매우 깊었습니다. 비록 죽을 만큼 다치지는 않았으나 그 뒤로 연일 갑옷을 입고 적과 싸워, 헌 상처가 뭉그러져 고름이 줄줄 흘러 아직도 옷을 입지 못하고 있습니다. 뽕나무 잿물과 바닷물로 밤낮을 이어가며 씻어도 아직 차도가 없으니 근심스러울 뿐입니다.

──── 《난중일기》, 1593년 9월 1일

요시라의 반간계가 성공하다

1593년 초, 벽제관전투에서 명군이 일본군에 패한 이후 시작된 명일간 강화교섭의 일본 측 중심인물인 고니시 유키나가의 부하 중 통역을 보는 통사(通事)에 요시라(要時羅)라는 자가 있었다.[1] 요시라는 경상우병사 김응서(金應瑞)의 진영에 드나들며 강화문제를 논의하는 등 고니시 측의 대조선 연락망 역할을 하던 자이다.

이 요시라의 반간계(反間計[거짓정보나 소문을 흘려 적을 현혹시키는 계략])로 이순신은 삼도수군통제사에서 파직, 하옥당하고 사형 직전까지 몰리는 위기에 처하게 된다. 뿐만 아니라 요시라는 이순신 후임으로 수군통제사가 된 원균에게도 반간계를 써 결국 원균이 칠천량 해전에서 죽고 조선 수군도 궤멸당하는 일본 수군이 혁혁한 전과를 올리는 계기를 만든다. 원균이 전사함에 따라 이순신이 다시 수군통제사로 기용되는 만큼, 요시라는 임진왜란 중 이순신의 운명에 가장 큰 영향을 미친 일본인이라고도 할 수 있다. 그 전말을 살펴보자. 정유년(1597년) 2월, 명나라와 일본간 화의교섭이 결렬되자 히데요시는

---

1 요시라의 본명은 가케하시 시치타이후(梯七大夫)다. 요시라(要時羅)는 성이 아니고 요지로(與次郞), 또는 야지로(弥次郞郞, 弥二郞 등)로 추정되는 이름인데 류성룡은 '要'를 성으로, '時羅'를 이름으로 혼동하고 있다.

조선재침을 결정한다. 일본이 총 병력 14만 명을 동원해 침공해온 정유재란이다. 이에 앞서 1월 초 이미 부산포 인근으로 상륙했던 고니시는 요시라를 경상우병사 김응서에게 보내 다음과 같이 은밀히 제보한다.

> … 지금 일본에 있는 가토 기요마사가 곧 다시 올 것이다. 내가 날짜를 알아서 기요마사의 배를 찾아 알려주겠다. 조선이 통제사 이순신으로 하여금 수군을 거느리고 바다에 가서 요격하게 하면 … 반드시 사로잡아 참수할 수 있을 것이다. 그러면 조선의 원수를 갚고, 고니시 유키나가도 통쾌할 것이다.
>
> _____ 이분[2], 《행록》, 《이충무공전서》 권9 부록

가토와 사이가 나쁜 고니시 측이 이순신을 이용해 가토를 제거하려는 반간계를 쓴 것이다. 김응서는 이 같은 정보를 조정에 보고했고, 조정은 그 말을 믿었다. 원균과 친척관계이기도 한 해평부원군 윤근수(尹根壽)는 가장 뛸 듯이 기뻐하여 이 기회를 놓쳐서는 안 된다며 여러 차례 임금에게 이순신의 출동을 재촉했다. 결국 임금은 이순신에게 바다로 나가 가토군을 치라는 명령을 내렸다. 그러나 이순신은 이를 적이 함정에 빠뜨리려는 계책이라고 판단하고, 응하지 않았다. 이순신은 다음과 같은 글을 임금에게 올렸다.

---

2 이분(李芬)은 이순신의 조카(큰형 희신의 둘째 아들)로 임진왜란 중 이순신을 가장 가까이에서 보좌했다.

한산도에서 부산까지 가다 보면 반드시 적진을 경유하게 되는데 적은 우리의 형세를 간파하게 되어 우리를 깔보게 될 것이며, 또 부산에 가면 바람을 등지고 적을 맞아 이롭지 못합니다. 그러니 어찌 적의 말을 믿고 전쟁을 시험 삼아 해볼 수 있겠습니까.

_____ 윤휴, 《이충무공유사》

이순신이 끝내 출동명령을 따르지 않는 사이, 요시라가 김응서를 찾아가 "가토군은 이미 상륙했다. 왜 조선은 가토군을 공격하려 차단하지 않았는가?"라며 짐짓 안타까워했다. 상대방 진영을 혼란에 빠뜨리려는 이중 스파이의 전형적인 수법이다. 이미 가토군은 상륙(1597년 1월 13일)한 것이다. 1월 22일, 경상도 위무사 황신은 이와 관련하여 조정에 다음과 같은 내용의 서장을 보고했다.

"1월 12일 기요마사 관하의 배 150척과 휘하의 배 130척이 비를 무릅쓰고 바다를 건너 서생포[울산 서생리]로 향하고 있는데, 유키나가가 송충인에게 말하기를 '조선의 일은 매양 이렇다. 이런 기회를 잃었으니 매우 애석한 일이다'라고 하였다 합니다."

_____ 《선조실록》, 1597년 1월 22일

이 소식이 들리자 이순신을 전라좌수사로 천거한 영의정 류성룡과 우의정 겸 도체찰사 이원익(李元翼)을 제외한 모든 대신들이 이순신의 죄를 공박했다. 이원익은 "수군이 믿는 사람은 이순신이니, 순신을 움직이면 안 되며, 원균을 써서는 안 됩니다"고 상소하였다. 그러나 선조는 듣지 않았다. 그리고 사헌부는 "나라의 막대한 은혜를 입었으나 은혜를 저버리고 배신한 죄…", "적을 토벌하지 않고 놓아두었으며…" 등을 이유로 이순신을 잡아 심문할 것을 요청했고, 현풍사람 전현감 박성(朴惺)이란 자는 "이순신을 참수해야 한다"고 상소했다.

선조, 이순신을 극언으로 질책

선조는 평소 원균에 대해서는 과대평가하면서 매우 관대한 반면 이순신에 대해서는 과소평가하면서 매우 준엄했다.[3]

요시라 반간계 건과 관련해서도 선조는 매우 실망하여 이순신을 다음과 같이 모욕적인 극언으로 질책하면서 "이제 우리나라는 끝났다"고까지 말한다.

행장(小西行長)이 자세히 가르쳐주었는데 우리가 해내지 못했으니, 우리나라야말로 정말 천하에 용렬한 나라이다. 지금 행장이 조롱까지 했으니, 우리나라는 행장보다 못하다. 한산도의 장수[이순신]는 편안히 누워서 어떻게 해야 할 줄을 몰랐었다 … 이제 우리나라는 끝났다.

---

3 선조는 원균이 충청병사 재직 시 죄를 지어 사헌부의 탄핵을 받았으나 처벌하지 않고 "오늘날의 장수로는 원균이 으뜸이다. 설사 정도에 지나친 일이 있다 할지라도 어찌 가벼이 논계(論啓)하여 그의 마음을 풀어지게 해서야 되겠는가"(《선조실록》, 1595년 8월18일) 라고 감쌌다. 그러나 이순신에 대해서는 "[임진왜란 중] 처음에는 힘써 싸웠으나 그 뒤에는 작은 적일지라도 포착하는 데 힘쓰지 않고, 군사를 일으켜 적을 토벌하는 일이 없으므로 내가 늘 의심하였다. 동궁이 남으로 내려갔을 때에 여러번 사람을 보내어 불러도 오지 않았다"(《선조실록》, 1596년 6월26일)라고, 이순신에 대한 불신, 불만을 이야기한 적도 있었다.

어떻게, 어떻게 해야 하는가.

――――《선조실록》, 1597년 1월 23일

　　일본은 명과의 강화협상이 결렬되자 재침을 계획하면서 이순신을 제거하는 것이 가장 긴요했기 때문에, 가토 기요마사의 재상륙 정보를 미끼로 이순신을 유인하려 했고, 조선 정부는 이 같은 일본 측의 반간계에 놀아난 셈이다. 결국 선조는 이순신을 왕명을 거역한 죄목으로 삼도수군통제사에서 파직(1597년 2월 1일)하고 서울로 압송, 하옥(3월 4일)시켰다. 원균이 이순신의 후임에 임명되었다. 선조는 3월 13일, 비망기(備忘記[조선시대 국왕의 명령을 전달하던 유형의 하나])에서 이순신의 죄목을 다음과 같이 논하였다.

　　　　조정을 기망한 것은 임금을 무시한 죄(欺罔朝廷 無君之罪)
　　　　적을 놓아주어 치지 않은 것은 나라를 저버린 죄(縱敵不討 負國之罪)
　　　　남의 공을 빼앗아 남을 무함(誣陷)하며 매사 방자하고 꺼리낌이 없는
　　　　죄(奪人之功 陷人於罪 無比縱者 無忌憚之罪)

　　선조는 위의 죄목을 들어 이순신을 "신하로서 임금을 속인 자는 반드시 죽이고 용서할 수 없으니, 이제 형벌을 끝까지 시행하여 실정을 캐어내려 하는데 어떻게 처리할 것인지 대신들과 상의하라(人臣而欺罔者 必誅不赦 令將窮刑得精 何以處之 問于大臣)"(《선조실록》, 1597년 3월 13일)고 지시하였다.
　　거의 모든 대신들이 입을 모아 이순신을 비판하고 임금이 나서

극형까지 운운하는, 절체절명의 상황 속에 판중추부사 정탁(鄭琢)이 이순신을 구원하기 위해 신구차(伸救箚[신원하여 구제하는 상소])를 올렸다. 조정에서 가장 나이가 많은, 우의정을 역임한 72세의 노재상이 나서 임금에게 "한번 기회를 주어 용서한다면, 임금의 은혜를 천지와 부모처럼 받들어 목숨을 걸고 나라를 다시 일으켜 세울 것"이라고, 간곡히 설득하는 내용이다.

> 이순신은 명장입니다. 절대 죽일 수 없습니다. 군기(軍機)의 이해는 보통 사람이 추측치 못하는 것이온데 즉, 이순신이 경솔히 나가 싸우지 않은 것은 무슨 짐작이 있어 그리하였을 것입니다 … 원하옵건대 뒷일을 생각하시어 그의 죄를 용서해주십시오.
>
> _____《징비록》

선조는 정탁의 상소문을 보고 겨우 마음을 돌렸다. 조정은 이순신을 한차례 고문하여 처형을 면하게 해준 뒤, "도원수 권율의 막하로 들어가 백의종군하여 공을 세우라"는 명을 내렸다. 27일 만에 출옥한 것이다(1597년 4월 1일). 이순신은 일본 측의 반간계와 이에 부화뇌동한 조선조정의 판단 착오로, 사형 직전까지 갔다가 이원익, 정탁의 상소로 겨우 목숨을 부지한 것이다.

사실 2년여 전, 김응서는 조정에 보고하지 않은 채 멋대로 고니시 유키나가를 만나 일본 측과 강화문제를 논하였다. 선조는 1595년 5월 2일 승정원에 전교하기를 "경상우병사 김응서는 조정의 옳지 못한 주장에 맞추어 국가의 큰 원수를 잊고 감히 적장과 사사로이 서로 만났다 하니 그의 무도함이 심하다. 그런데 또다시 사사로이 적장과 편지를 통하고 고니시 유키나가를 대인이라고 존칭하였으니 심히 경악할 일이다. 이것은 적에게 항복한 것과 같으니 그를 압송해서 추국할 것을 의논하라"고 지시한다. 김응서는 사사로이 일본 측과 강화하려 한 죄로 대간의 탄핵과 처벌을 받았다.

이때 이순신은 국왕이 김응서를 질책하는 유지를 읽어 보고 "김응서가 어떤 사람이기에 스스로 회개하여 힘쓴다는 말을 들을 수가 없는가. 만약 쓸개 있는 자라면 반드시 자결이라도 할 것이다"(《난중일기》, 1595년, 7월 7일)라고 분개하고 있다.

졸전 끝에 사망한 원균

김응서는 그 후에도 계속 일본 측과 접촉을 가져 결국 조선 조정이 요시라의 반간계에 빠지는 사태를 초래한 것이다.

요시라의 간계는 결과적으로 이순신을 수군통제사 자리에서 끌어내리고, 대신 원균이 후임이 되는 조선수군 최고 수뇌부의 교체를 가져왔다. 앞서 언급했듯이 요시라의 반간계에 의해, 조선 수군의 최고사령관이 된 원균은 몇 달 후 칠천량전투(7월 15일)에서 졸전 끝에 도망가다 죽고, 조선 수군은 궤멸당하는 결과를 가져온다. 류성룡은 이 과정을 《징비록》에서 다음과 같이 생생히 기록하고 있다.

[1597년] 8월 7일에 한산도의 수군이 무너졌다 … 처음에 원균은 한

산도에 가서 이순신이 정한 법도를 모두 바꾸었고, 부하 장수나 병졸 가운데 조금이라도 이순신의 신임을 받아 일하던 사람은 모두 내쫓았다 … 이순신은 한산도에 있을 때 운주당(運籌堂)을 짓고는 밤낮으로 그곳에 있으면서 여러 장군들과 함께 군사를 논하였다. 하급 병졸이라도 군사에 대하여 말하고 싶어 하는 자가 있다면 와서 보고하도록 하여 부대 내의 사정을 훤히 파악하였다. 매번 싸우기 전에는 부하 장수들을 모두 불러 전략을 논의하여 정해진 뒤에 싸웠기 때문에 패하는 일이 없었다. 원균은 애첩을 운주당에 살게 하고는 여러 겹의 울타리로 안팎을 갈라버려서 여러 장군들은 그를 거의 만나지 못했다. [원균은] 또 술 마시는 것을 좋아하여 날마다 술주정하고 화내는 것을 일삼고 형벌에도 일관성이 없었기에, 부대 내의 사람들은 "만약 적을 만나면 달아날 수밖에 없다"라며 수군거렸다. 여러 장군들도 사적인 자리에서 그를 비웃으며 두려워하지 않는지라 명령이 시행되지 않았다. 이때 적의 장군들이 다시 우리나라를 침범하였는데 고니시 유키나가는 다시 요시라를 김응서에게 보내서 "왜의 배가 며칠에 추가로 도착할 것이니 조선 수군이 공격하여야 합니다"라고 [거짓으로] 말하였다. 도원수 권율은 요시라의 말을 매우 신뢰하기도 하였고 이순신이 전에 요시라의 말을 듣고도 주저하다가 죄를 얻은 일도 있었기 때문에 날마다 원균에게 진격하라고 재촉하였다. 원균도 예전에는 늘 "이순신은 적을 보고도 진격하지 않았다"고 말하여 이순신을 모함하고 그의 직위를 자기가 대신하게 되었기에, 이때 비록 아군의 세력이 이기기 어렵다는 것을 알면서도 부끄러워서 거절할 말이 없는 터라 모든 배를 이끌고 진격할 따름이었다.

원균은 이순신이 파직, 하옥되자 후임 통제사(2월 1일)가 된 이후 도원수 권율의 잇단 진격독촉에도 안골포, 가덕도 등의 일본군이 약하므로 수군보다는 육군이 먼저 공격해야 한다는 등의 핑계를 대며 움직이지 않았다. 경상도 도체찰사 이원익은 원균에게 수군 반은 한산도에 머물도록 하고 나머지 반은 일본 수군이 진을 치고 있는 부산포에서 마음대로 오가지 못하도록 해로를 차단하라는 명령을 내렸다. 이에 원균은 어쩔 수 없이 한산도에서 출동(6월 18일)했다. 7월 초까지 원균은 부산 근처까지 오가면서 몇 차례 소규모 전투를 벌여 약간의 성과를 올렸으나, 조선 수군도 적지 않은 피해를 입었다. 7월 8일, 일본 수군 장수 도도 다카토라 등이 이끄는 600여 척이 부산에 집결, 웅천으로 이동해 거제도로 공격해 왔을 때, 경상우수사 배설이 웅포에서 맞아 싸웠으나 패배했다. 그러나 원균은 이 해전엔 나가지도 않았다.

　　이에 곤양(경남 사천시 곤양면)에 있던 도원수 권율은 원균을 소환하여 곤장을 치고, 다시 진격하라고 독촉하였다. 곤장까지 맞고 한산도로 돌아온 원균은 더욱 화를 내며 술에 취해 아예 드러누웠다. 여러 장수들이 원균과 의논하려 해도 할 수가 없는 상황이었다.

　　이 무렵, 고니시 유키나가가 다시 요시라를 경상우병사 김응서에게 보내 "일본군 배들이 곧 올 것이므로, 이를 공격하여야 한다"고 거짓 정보를 전한 것이다. 요시라를 이용한 두 번째 반간계였다.

　　앞서 이순신이 요시라의 거짓 정보를 듣고 진격하지 않았을 때 이를 비난, 모함했던 원균은 어쩔 수 없이 7월 14일, 전 함대를 이끌고 한산도에서 부산포로 향했다. 칠천량전투의 시작이다. 원균 함대가 부산 절영도에 이르렀을 때 강풍과 파도가 거세고, 날이 이미 저물었으나 배를 댈 곳이 없었다. 멀리 바다에 적선이 출몰하는 것을 본 원균이 병사들에게 "나가 싸우라"고 독려했다. 그러나 병사들과 배를 젓는 격군들은 한산도에서 종일 쉬지 않고 노를 저어 와 피곤하고, 공복에다 목이 말라 더 이상 배를 저을 수 없는 상태였다. 일본 수군은 조선 수군을 피곤하게 하려고 접근하였다가 갑자기 후퇴하기만 할 뿐 싸우려 하지 않았다.

밤이 깊어져 바람이 거세지니 원균 함대는 사방으로 흩어져 우왕좌왕하였다. 원균이 간신히 남은 배를 모아 가덕도로 돌아왔다. 목이 마른 병사들은 앞다투어 배에서 내려 물을 마셨다. 이때 갑자기 섬들 사이에서 나타난 일본 육군(시마즈(島津)군)의 기습을 받고 원균부대의 장수와 병사 400여 명이 죽었다. 원균은 후퇴하여 7월 15일, 거제 칠천량에 도착했다. 이날 한밤중에 일본 수군이 칠천량 주변을 에워싸고 다음 날(7월 16일) 새벽, 취침 중인 원균함대를 기습해왔다. 원균함대는 적군의 접근과 포위를 전혀 모르는 상태에서 기습을 당한 것이다. 전라우수사 이억기는 배 위에서 바다로 투신했고, 충청수사 최호(崔湖) 등은 전사했다.

원균의 최후를《징비록》은 다음과 같이 전하고 있다.

원균은 바닷가로 달아나 [고성 추원포에서] 배를 버리고 언덕에 올라 도망치려 하였지만 몸이 살지고 둔하여 소나무 아래 앉았는데 좌우에 있던 사람들은 모두 흩어져 버렸다. 어떤 이는 그가 적에게 죽었다고 하고 또 어떤 이들은 그가 달아나서 살아남았다고 하였지만 어느 쪽이 사실인지 알 수 없었다.

어쨌든 원균은 졸전 끝에 결국 죽었다.[4] 이때 경상우수사 배설은 자신이 지휘하는 배 12척에 은밀히 명령하여 먼저 도망쳤기에 그의 부대만이 온전히 남았다. 배설은 한산도로 돌아와 막사와 군량미, 병기 등을 모두 불태우고 달아났다. 조선 수군은 삼도수군통제사, 경상우수사 등 지휘부가 전사하거나 도망가고, 본거지 한산도가 적의 수중에 함락되는 등 거의 궤멸상태에 빠졌다. 원균이 지휘한 조선 수군의 한심한 작태다.

한산도가 무너지자 일본 수군은 여세를 몰아 임진왜란 발발 후 처음으로 전라도 해역까지 진출하게 되었고, 일본 육군은 전라도의 남원과 순천을 차례로 함락시키며 전라도 북부와 충청도로 진격했다.

이때 백의종군 중이던 이순신은 칠천량해전의 참패를 사람들로부터 전해 듣고 "분하여 간담이 찢어지는 것만 같다"는 소회를 일기에 적고 있다.

[16일] 저녁에 영암 송진면에 사는 사노(私奴) 세남(世男)이 서생포에서 알몸으로 왔기에 연유를 물으니 "7월 4일에 전 병사의 우후가 타고 있던 배의 격군이 되어 5일 칠천량에 이르러 정박하고 … 7일 날이 밝기 전에 말곳을 거쳐 다대포에 이르고 … 부산 절영도 바깥 바다로 향

---

4 원균의 최후에 대해 《선조실록》 1597년 7월 22일자에는 선전관 김식이 왕에게 보고한 내용 가운데 다음과 같은 언급이 있다. "… 원균은 늙어서 행보하지 못하여 맨몸으로 칼을 잡고 소나무 밑에 앉아 있었습니다. 왜노 6,7명이 칼을 휘두르며 원균에게 달려 들었는데 그 뒤로 원균의 생사를 알 수 없었습니다."

하였습니다. 때마침 무려 천여 척의 적선을 만나 대마도에서 건너와 서로 싸울 것을 헤아려 보니, 왜선이 어지러이 흩어져 회피하므로 끝내 잡아 초멸(剿滅)할 수 없었습니다. 제가 탄 배와 다른 여섯 척은 배를 제어하지 못하고 서생포[울산] 앞바다까지 표류하여 뭍으로 오르려고 할 즈음에 모두 살육을 당하고, 저만 혼자 수풀 속으로 기어 들어가서 목숨을 건져 간신히 여기에 왔습니다"라고 했다. 듣고 보니 참으로 놀라운 일이다. 우리나라에서 믿는 바는 오직 수군에 있었는데, 수군이 이와 같으니 또 다시 가망이 없을 것이다. 거듭 생각할수록 분하여 간담이 찢어지는 것만 같다.

_____《난중일기》, 1597년 7월 16일

[18일] 새벽에 이덕필, 변홍달이 와서 전하기를, "16일 새벽에 수군이 기습을 받아 통제사 원균과 전라우수사 이억기, 충청수사 [최호] 및 여러 장수들이 다수의 피해를 입고 수군이 크게 패했다"라는 것이었다.

_____《난중일기》, 1597년 7월 18일

칠천량해전은 일본이 임진왜란 7년 동안 사실상 유일하게 이긴 전투라고 할 수 있다. 줄곧 이순신에게 당해왔던 일본 측이 이순신을 통제사 자리에서 끌어내림으로써, 비로소 후임 통제사(원균)를 전사시키는 등 그동안 조선 수군에 당했던 패배를 되갚는 대승을 거둔 것이다. 일본 수군의 대승을 보고받은 히데요시는 "매우 기뻐하셨다"고, 이 해전에 참전했던 와키자카(《와키자카기(脇坂記)》)는 전하고 있다. 근세 일본의 여러 문헌도 이 칠천량해전에 대해 '수군의 대승리로 조선 남해안의 해상권이 처음 우리나라에 돌아왔다'(《일본제국해상권력사강의》)는 식으로 자랑하고 있다.

이처럼 일본군은 반간계를 이용한 첩보전을 이용해 실로 엄청난 전과를 올린 셈이다.

2 이순신 집안에 몰아닥친 불행

백의종군 중 모친상

이순신의 갑작스러운 파직, 하옥은 이미 기력이 쇠한 상태였던 팔순 노모(초계 변 씨(卞氏), 1515~1597년)에게 큰 충격과 걱정을 안겨 주었다. 이순신은 옥문(1597년 4월 1일)을 나서 백의종군을 시작한 직후, 노모가 작고했다는 비보를 듣는다. 이뿐만 아니었다. 이순신 집안에 일본인에 의한 불행이 한꺼번에 줄을 이었다.

변 씨는 현모양처로서 네 아들의 가정교육을 엄격히 하였다.[1] 이

---

1 이순신 사형제의 이름은 중국 고대의 삼황오제 중에서 복희 씨와 요, 순, 우 임금에서 따와 항렬인 신(臣)자를 붙여, 위로부터 희신(羲臣), 요신(堯臣), 순신(舜臣), 우신(禹臣)이다. 이순신의 부모는 아들들이 그런 성군을 만나 신하로 일하거나, 신하로서 임금을 잘 모셔 그런 성군이 되도록 하라는 뜻을 담아 그렇게 이름을 지었을지 모른다. 이순신이 관직(선조 9년 ~ 선조 31년)에 나가 모신 유일한 임금인 선조가 성군인 지는 알 수 없으나, 이순신이 뛰어난 신하였음은 분명하다.

순신은 어릴 때(12세 이후로 추정) 서울에서 외가가 있는 아산(충남 아산시)으로 내려왔고, 이후 그의 일가는 이곳에 정착하게 되었다. 이순신은 1565년 21세 때 보성군수 방진(方震)의 딸(상주 방 씨)과 혼인하는데, 처가도 아산이다.[2]

이순신은 두 형(희신, 요신)이 일찍 사망하여 사실상 장남이 되어 모친이 홀로 된 이후엔 더욱 극진히 모시는, 남다른 효자였다.[3] 《난중일기》에는 이순신이 전쟁 중임에도 탐후선(探候船) 편에 사람을 보내어 어머니의 안부를 확인하거나 전복, 밴댕이, 젓갈 등을 보내는 등 어머니의 안녕을 살피고 걱정하는 언급이 수백 건에 이르고 있다. 또 이순신이 어머니에게 문안편지(1594년 2월 7일)를 보내면, 어머니는 아들 편지에 답장을 보내고 있다. 이순신의 외할아버지(변수림(卞守琳))는 벼슬을 하지 않았지만 이순신의 어머니는 교양을 갖춘 사대부가의 부인임을 알 수 있다.[4]

이순신은 충청도 지방이 전란에 휩싸이자 1593년 6월부터 1597년 4월까지 전라좌수영에 가까운 여수 고음내(古音川 또는 熊川[전남 여수시 웅천동 송현마을]) 부하장수 정대수(丁大水)의 집으로 노모를 모셔와 기거하게 할 정도였다.

---

2 현충사 경내에 있는 이순신 본가는 본래 처갓집이다.

3 이순신이 40세가 되던 1584년, 아버지 이정(李貞) 사망.

4 이순신이 1576년 무과에 급제하자 변 씨가 이를 축하하기 위해 자식들에게 토지와 노비 등 재산을 나눠준 별급문기(別給文記), 즉 분재기(分財記)가 현충사에 보존돼 있다. 이 분재기에는 자식들에게 논밭을 나눠주고, 또 나눠준 노비(22명)가 전국에 걸쳐 있어 당시 이순신 집안이 상당한 재산을 소유하고 있음을 짐작케 한다.

이순신은 1594년 1월 1일, "어머니를 모시고 함께 한 살을 더하게 되니, 이는 난리 중에서도 다행이다"라고 신년 첫 일기를 적고 있다. 어머니 또한 아들 못지않게 나라를 걱정했다. 며칠 후(같은 해 1월 12일), 이순신이 어머니를 찾아와 하룻밤을 묵은 뒤 진영으로 돌아가며 아침에 하직인사를 올리자 "'잘 가거라. 부디 나라의 치욕을 크게 씻어야 한다'고 분부하며 두세 번 더 타이르시고, 조금도 헤어지는 심정으로 탄식하지 않으셨다"(《난중일기》, 1594년 1월 12일)고 한다. 아들에게 부담을 주지 않으려고 애써 헤어지는 슬픔을 나타내지 않으려하고 있다.《난중일기》엔 이순신이 노모에게 전라좌수영의 본영을 구경(1596년 10월초)시켜주는 장면도 있다.[5]

이순신, "어서 죽기만을 바랄 뿐"

이순신은 백의종군의 명을 받고 옥문을 나서 남쪽으로 내려가는 길에 아산 선영과 조상의 사당에 들러 출정함을 고했다(《난중일기》, 1597년 4월 5일). 이때 이순신의 노모는 아들이 석방됐다는 소식을 전해 듣고 아들을 만나기 위해 여수에서 배편으로 아산으로 올라오던 중 배 안에서 기력이 다하여 83세를 일기로 운명(4월 11일)했다.《난중일기》에는 "4월 13일. 일찍 식사 후 어머님을 마중하려고 바닷가

---

5 "새벽에 배를 돌려 어머니를 모시고 일행과 함께 배에 올라 본영으로 돌아와서 종일토록 즐겁게 모시니 이 역시 다행한 일이었다."(《난중일기》, 1596년 10월 3일)

로 나가는 길에 … 조금 있으니 종 순화(順花)가 배에서 와서 어머님의 부고를 전했다. 뛰어나가 가슴을 치고 뛰며 슬퍼하니 하늘의 해조차 캄캄해 보였다. 바로 게바위(충남 아산시 인주면 해암리)로 달려가니 배가 이미 와 있다. 길에서 바라보며 가슴이 찢어지는 슬픔을 이루 다 적을 수가 없다. 후에 대강 적었다"라고 되어 있다.

이순신은 이어 "영구를 상여에 올려 싣고 집에 이르러 빈소를 차렸다 … 나는 기력이 다 빠진 데다가 남쪽으로 갈 일이 또한 급박하니, 울부짖으며 통곡하였다. 다만 어서 죽었으면 할 따름이다"(《난중일기》, 1597년 4월 16일)라고 적었다. 다음날 의금부 서리가 공주에서 와서 갈 길을 재촉한다. 사흘 후, 이순신은 장례도 제대로 못 치른 채 모친 영전에 하직을 고하면서 다음과 같이 울부짖고 있다.[6]

어찌하랴, 어찌하랴, 천지 사이에 어찌 나와 같은 사정이 있겠는가. 어서 죽는 것만 같지 못하구나.

_____ 《난중일기》, 1597년 4월 19일

이순신에게 정유년(1597년) 봄은 파직, 하옥, 모친상 등 그의 인생에서 불행과 불운이 겹쳐온, 가장 참담한 시기였다고 할 수 있다. 그래서일까. 이순신은 모친상을 당한 뒤의 비통한 심정을 "어서 죽기만을 바랄뿐", "어서 죽는 것만 같지 못하구나", "하늘은 어찌 아득하

---

6 조선시대 상례(喪禮)는 당상관 이상의 경우, 《주자가례》〈치장治葬〉의 '대부는 3개월, 사는 한 달 만에 장사한다(大夫三月 士踰月以葬)'는 규정 등에 따라 3개월 이후에 장례를 치렀다.

기만 하고 내 사정을 살펴주지 못하는가. 왜 어서 죽지 않는가" 등 극단적으로 표현하고 있다.

이처럼 임진왜란은 이순신의 생애에 가혹한 시련을 안겨주었다. 임진왜란이 일어나지 않았다면 이순신은 파직, 하옥당하는 치욕도, 모친상을 당하지 않았을지도 모른다. 효성이 지극했던 이순신은, 후일 부모를 모두 잃은 슬픔을 다음과 같이 토로하고 있다.

> 나라에 충성을 바치려 했건만 죄가 이미 이르렀고, 어버이에게 효도하려 했건만 어버이마저 가버리셨다(竭忠於國而罪已至 慾孝於親而親亦亡).
>
> ───── 《행록》

왜군에게 죽임을 당한 막내 아들

1597년 7월, 칠천량해전에서 원균이 대패하고 도망치다 죽자 이순신은 8월 3일 삼도수군통제사로 재임명되었다. 이때 이순신은 "신에게는 아직 전선 12척이 있으니 죽을 힘을 내어 항거해 싸우면 오히려 할 수 있는 일입니다 … 비록 전선은 적지만은 제가 죽지 않은 한 적이 감히 우리를 업신여기지 못할 것입니다"(《행록》)라는, 후세에 널리 회자되는 말로 전의를 불태우고 있었다.

이순신은 통제사로 재임명된 다음 달(9월 16일) 명량해전에서 13척의 배로 133척의 일본 수군과 전투를 벌여 31척의 적선을 대파하는 기적같은 승리를 거뒀다.[7] 이순신 스스로는 "천행이었다"고 겸손해

했다. 하지만, 대승의 기쁨도 잠시, 이순신 집안에 불행이 잇달아 찾아온다. 이순신의 아산 본가가 "이미 적에게 분탕질을 당해 잿더미가 되고 남은 것이 없이 된데"(1597년 10월 1일) 이어 아산에 있던 이순신의 셋째 아들 면(1577년생. 당시 21세)이 피난 중에 일본군을 만나 홀로 싸우다 죽임을 당한 것이다. 이순신은 부인 방 씨와의 사이에 3남1녀를 두었다.[8] 이순신은 영특한 막내아들 면을 사랑했다고 한다.

저녁에 사람이 천안에서 와서 집에서 온 편지를 전하는데 … 둘째 아들 열의 글씨를 보니 겉에 '통곡(痛哭)'이라는 글씨가 써 있다. 면이 전사한 것을 마음속으로 알고 간담이 떨려 목 놓아 통곡했다. 하늘이 어찌 이다지도 어질지 못한가? 간담이 타고 찢어지는 것만 같다. 내가 죽고 네가 사는 것이 올바른 이치인데 네가 죽고 내가 살다니 이것은 이치가 잘못된 것이다. 천지가 어둡고 저 태양이 빛을 잃는구나. 슬프다. 내 어린 자식아, 나를 버리고 어디로 갔느냐? 영특한 기상이 보통 사람보다 뛰어났는데 하늘이 너를 머물게 하지 않는가? 내가 죄를 지어서 그 화가 네 몸에 까지 미친 것이냐? 이제 내가 세상에 있는들 장차 무엇을 의지한단 말이냐? 차라리 죽어서 지하에 너를 따라가서 같이 지내고 같이 울리라. 네 형과 네 누이와 너의 어머니도 또한 의지할 곳이 없으니 아직은 참으며 연명이야 한다마는 마음은 죽고 형용

---

7 명량해전이 벌어질 때 피난민들이 높은 봉우리에서 헤아린 일본 수군 배는 300척 이상이었다. 이 가운데 실제 명량해협을 통과해 전투에 참가한 배는 133척이다.《행록》등)

8 장남 회(薈), 차남 울(蔚, 후에 열(䓁)로 개명), 삼남 면(葂)이다.

만 남아 있을 따름이다. 오직 통곡할 뿐이로다. 하룻밤을 보내기가 일
년 같구나.

———— 《난중일기》, 1597년 10월 14일

일본군에 의해 자식이 먼저 죽는, 참척(慘慽)을 당한 이순신의 애
틋한 심정이 구구절절 배어 있다. 읽는 이의 가슴을 저미게 한다. 면
의 묘소는 아산 현충사 경내 이순신 본가 뒷편에 있다.

"내가 죽었다는 말을 하지 말라"

이순신과 일본과의 악연의 대미는 그의 죽음이다. 이순신은 노
량해전(1598년 11월 19일, 양력 12월 16일 새벽)에서 전사했다. 만 53세
의 파란만장한 생애였다. 평소 이순신을 못마땅하게 여기고, 한 해
전 이순신을 서울로 잡아들여 극형에 처하라고 했던 선조는, 이순신
전사 닷새 후 그의 전사와 후임 문제를 보고받자 "알았다. 오늘은 밤
이 깊어 어쩔 수 없다 … 모든 일을 정원(政院[승정원])이 살펴서 시행
하라"(《선조실록》, 1598년 11월 24일)고 지시했다. 이순신의 죽음을 슬
퍼하는 말 한마디도 없었다. 그리고 며칠 후 조선왕조의 공식기록인
《선조실록》에는 이순신의 최후와 그에 대한 평가가 다음과 같이 간
단하게 적혀 있다.

… 사신(史臣)은 논한다. 이순신은 사람됨이 충용(忠勇)하고 재략(才略)

도 있었으며 기율(紀律)을 밝히고 군졸을 사랑하니 사람들이 모두 즐겨 따랐다 … 순신이 몸소 왜적에게 활을 쏘다가 왜적의 탄환에 가슴을 맞아 선상에 쓰러지니 순신의 아들이 울려 하고 군사들은 당황하였다. 이문욱(李文彧)이 곁에 있다가 울음을 멈추게 하고 옷으로 시체를 가려놓은 다음 북을 치며 진격하니 모든 군사들이 순신은 죽지 않았다고 여겨 용기를 내어 공격하였다. 왜적이 마침내 대패하니 사람들은 모두 '죽은 순신이 산 왜적을 물리쳤다'고 하였다. 부음(訃音)이 전파되자 호남(湖南) 일도(一道)의 사람들이 모두 통곡하여 노파와 아이들까지도 슬피 울지 않는 자가 없었다. 국가를 위하는 충성과 몸을 잊고 전사한 의리는 비록 옛날의 어진 장수라 하더라도 이보다 더할 수 없다. 조정에서 사람을 잘못 써서 순신으로 하여금 그 재능을 다 펴지 못하게 한 것이 참으로 애석하다. 만약 순신을 병신년과 정유 연간에 통제사에서 체직시키지 않았더라면 어찌 한산의 패전을 가져왔겠으며 양호(兩湖[호남과 호서])가 왜적의 소굴이 되겠는가. 아, 애석하다. …

_____《선조실록》, 1598년 11월 27일

이순신에 대한 조선 왕조의 제대로 된 평가는 그가 전사하고 60년이 지난 뒤인 1657년(효종 8년)에 완성된《선조수정실록》에 실렸다. 인조반정(1623년)으로 북인세력이 물러나고 서인이 정권을 잡으면서 기존의《선조실록》이 광해군 때 정권을 잡고 있던 북인이 서인 이이(李珥), 정철(鄭澈) 등과 남인 류성룡에 대하여 없는 사실을 꾸며 비방한 사실을 바로 잡자는 데서 비롯되어, 이순신에 대해서도 수정판이 나온 것이다.

《선조수정실록》1598년 11월 1일자는 이순신의 최후를 다음과 같이 적고 있다.[9]

유정(劉綎)이 순천의 적영(賊營)을 다시 공격하고, 통제사 이순신이 수군을 거느리고 그들의 구원병을 크게 패퇴시켰는데 순신은 그 전투에서 전사하였다. 이때에 행장(行長[고니시 유키나가])이 순천 왜교(倭橋)에다 성을 쌓고 굳게 지키면서 물러가지 않자 유정이 다시 진공하고, 순신은 진린과 해구(海口)를 막고 압박하였다. 행장이 사천의 적 심안돈오(沈安頓吾, [시마즈島津])에게 후원을 요청하니, 돈오가 바닷길로 와서 구원하므로 순신이 진격하여 대파하였는데, 적선 200여 척을 불태웠고 죽이고 노획한 것이 무수하였다. 남해 경계까지 추격해 순신이 몸소 시석(矢石)을 무릅쓰고 힘껏 싸우다 날아온 탄환에 가슴을 맞았다. 좌우가 부축하여 장막 속으로 들어가니, 날아온 탄환에 가슴을 맞은 순신은 '싸움이 지금 한창 급하니 조심하여 내가 죽었다는 말을 하지 말라'하고, 말을 마치자 절명하였다. 순신의 형의 아들인 이완(李莞)이 그의 죽음을 숨기고 순신의 명령으로 더욱 급하게 싸움을 독려하니, 군중에서는 알지 못하였다. 진린이 탄 배가 적에게 포위되자 완은 그의 군사를 지휘해 구원하니, 적이 흩어져 갔다. 진린이 순신에게 사람을 보내 자기를 구해준 것을 사례하다 비로소 그의 죽음을 듣고

---

9 조선시대 우심했던 붕당정치의 폐해로 사실대로 기술되지 않았다는 비판을 받은 실록은 후일《수정실록》이란 이름으로 다시 편찬되는 경우가 종종 있었다. 이 경우 실록과 수정실록은 함께 보존되고 있다.

는 놀라 의자에서 떨어져 가슴을 치며 크게 통곡하였고, 우리 군사와 중국 군사들이 순신의 죽음을 듣고는 병영마다 통곡하였다. 그의 운구 행렬이 이르는 곳마다 백성들이 모두 제사를 지내고 수레를 붙잡고 울어 수레가 앞으로 나갈 수가 없었다. 조정에서 우의정을 추증했고, 바닷가 사람들이 자진하여 사우(祠宇)를 짓고 충민사(忠愍祠)라 불렀다.

3

이순신의 '토왜격문'

문무를 겸비한 명장

어려서 이순신과 같은 동네에 살아 그를 잘 알았던 류성룡은 이순신을 이렇게 평가한다.

순신은 뛰어난 재주와 능력을 가지고 있었다. 그러나 명운이 없어 가지고 있던 재간의 백 분의 일도 다 쓰지 못하고 죽었으니, 아아 참으로 아깝고 아깝다.

_____《징비록》

이순신은 무관으로서 활쏘기, 말타기 등의 무예에 출중했지만, 병서도 통달하고 있었다. 본래 이순신 집안은 문관출신으로 그는 어렸을 때부터 형들과 유교경전을 공부해 문관에 못지않은 학식에다,

뛰어난 문장력도 가지고 있었다. 동서고금을 통해 드물게 보는 문무를 겸비한 명장이다.

앞에서 살펴보았듯이 일본인들 가운데 적장인 이순신을 높이 평가하고 존경하는 사람이 많이 생겨난 것도, 바로 그가 전투에만 뛰어난 장군이 아니라 높은 유교적인 소양과 고매한 인격을 갖춘, 이상적인 동양의 무인상이란 점도 작용하고 있다.

그의 진중일기인 《난중일기》를 비롯해 조정에 올린 장계, 서한 등에는 나라를 걱정하고, 백성을 사랑하고, 임금에 충성을 다하는 그의 애국, 애민, 충성심에 가득 찬 문장이 남아 있다. 무인다운 강인한 정신과 장부로서의 기개가 넘치는, 이순신의 명문장은 오늘날에도 인구에 널리 회자되고 있다.

최치원(857년~?)의 명문인 '토황소격문(討黃巢檄文)'을 연상시키는, 이순신의 '토왜격문(討倭檄文)'이라 할 만하다.[1] 그가 남긴 '토왜격문'을 살펴보기 전에 먼저 이순신의 사생관이 잘 나타나 있는 문장부터 몇 건 읽어보자.

〈문장 1〉

대장부로 세상에 나서 써주면 죽음으로써 충성을 다할 것이요, 써주지 않으면 야인이 되어 밭갈이하면서 살리라(丈夫出世 用則效死以忠 不用則耕野足矣).

---

1 통일신라시대의 학자이자 문장가 최치원은 12세 때 당나라로 유학을 떠나 18세에 과거시험에 합격, 당의 관리로 활동하면서, 특히 황소의 난(879년)이 일어나자 '토황소격문(討黃巢檄文)'을 지어 문명(文名)을 크게 떨쳤다.

이 문장은 이순신(1545년생)이 1576년, 32세에 식년무과(式年武科, 4년마다 한 번씩 치르는 정규시험)의 병과(丙科)에 합격한 뒤 임용을 기다리면서 한 말이다. 출세나 영화를 탐하지 않고 떳떳하게 살아가겠다는 대장부다운 기상을 느낄 수 있다. 이순신이 과거를 처음 본 것은 1572년, 28세 때였다. 그러나 시험을 치르던 중 말이 거꾸러져 낙마하는 바람에 다리를 다쳐 낙방했다. 이순신이 과거 합격 후 10개월이 지난 1576년 12월에 종9품 말단장교인 권관(權管)으로 부임한 첫 임지는 함경도 변경, 귀양지중에서도 험지로 악명 높은 삼수(三水)의 동구비보(童仇非堡)였다.

이처럼 이순신은 초급장교로 임용되기 전부터 목숨을 바쳐 충성을 다하겠다는 무관으로서의 확고한 사생관을 가지고 있었다.

전술했듯이 조정이 고니시의 부하 요시라의 반간계를 믿고 이순신에게 바다로 나가 가토군을 섬멸하라는 명령을 내렸지만 이를 거부하자, 이순신은 왕명을 거역한 죄로 파직, 하옥(1597년 3월 4일)당하는 신세가 되었다. 이 때 어떤 이가 이순신에게 "주상의 노기가 한창 심해지고 조정의 논의도 중하게 되었으니, 일을 예측하기 어려운 상황임을 어찌하겠소"하자 다음과 같이 말했다.

〈문장 2〉

"죽고 사는 것은 천명이다. 죽게 되면 죽는 것이다(死生有命 死當死矣)."

_____ 이분, 《행록》, 《《이충무공전서》 권9)

이순신은 하옥을 앞둔 데다 임금이 진노해 자신의 목숨을 담보할 수 없는 상황이었지만, 조금도 죽음을 두려워하지 않는 당당한 자세를 지켰다. 이순신이 옥에 있을 때 옥리가 이순신의 조카 이분에게 뇌물을 쓰면 나올 수 있다고 하자, 조카가 삼촌을 면회 가서 이 같은 옥리의 말을 전했다. 이순신은 "죽으면 죽었지. 어찌 도리에 어긋난 짓을 해서 살기를 구한단 말이냐?(死則死耳 安可違道求生)"(《징비록》, 334)라고 조카를 꾸짖었다. 죽고 사는 것은 천명이기 때문에, 결코 구차하게 살지 않는다는 자세다.

항상 죽음을 각오하다

이순신은 임진왜란 발발 후 노량해전에서 전사할 때까지 20여 차례의 전투에서 추호도 죽음을 두려워하지 않는 일관된 자세를 유지하고 있었다. 이순신이 쓴 문장이나 부하들을 고무격려하면서 한 말의 공통점도 "생사는 하늘의 뜻이니, 죽음을 각오하고 나가 싸우자"는 것이었다.

임진왜란 발발 직후인 1592년 4월 16일, 경상우수사 원균이 전라좌수사 이순신에게 구원을 요청해오자 이순신 휘하 장수들 간에 다른 도를 지원하는 문제를 놓고 찬반으로 의견이 대립되었다. 군관 송희립, 녹도만호 정운 등은 "적의 형세가 마구 뻗쳤는데 나가 싸워야 한다", "평소 국록을 먹는 자가 이럴 때 어찌 가만히 보고만 있을 것이냐"며 적극 싸워야 한다고 나섰다. 이때 이순신은 부하장수들에게 다음과 같이 말한다.

〈문장 3〉

오늘 우리가 할 일은 다만 나가서 싸우다가 죽는 것밖에 없다. 감히 반대하는 자가 있다면 목을 베리라(今日之事惟在進戰 以死敢言 不可進者 當斬之).

_____《행록》

〈문장 4〉

바다에 맹세하니 어룡이 감동하고, 산에 맹세하니 초목이 아는구나. 이 원수 왜적을 모조리 무찌른다면 비록 내 한 몸 죽을지라도 사양치 않으리(誓海魚龍動 盟山草木知 讐夷如盡滅 雖死不爲辭).

_____《이충무공전서》, 권15

　　옥포해전에서 승리한 이순신은 1592년 5월 9일, 임금이 평안도로 몽진을 떠났다는 소식을 처음 전해 듣고 통분을 이기지 못하고, 부하들과 종일토록 "간장이 찢어져 소리와 눈물이 한꺼번에 터져 나왔다"(옥포파왜병장(玉浦破倭兵狀))고 할 정도로 통곡했다. 이때 이순신이 진중에서 읊은 시(陣中吟)가 바로 '바다에 맹세하니 어룡이 감동하고…'란 글이다. 대장부의 기개와 자신의 목숨을 바쳐서라도 왜적을 쳐부수겠다는 불퇴전의 각오를 느끼게 한다.

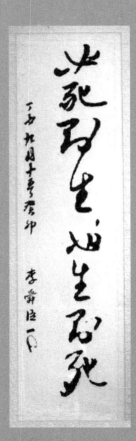

이순신의 필적, '필사즉생, 필생즉사(必死卽生 必生卽死)'

장검에 직접 새긴 검명

이순신은 불퇴전의 각오를 다짐하는 문장을 자신의 장검에 새겨 두고 있었다. 임란 2년째인 1594년, 이순신은 어른 키보다 훨씬 큰 칼 (197.5센티미터) 두 자루를 만들게 해 칼자루 바로 위의 칼 면에 친필로 쓴 아래와 같은 검명(劍銘)을 한 구절씩 새겨 넣었다.

〈문장 5〉
석자 칼로 하늘에 맹세하니 산하가 떨고, 한번 휘둘러 쓸어버리니 피가 강산을 물들인다(三尺誓天山河動色 一揮掃蕩血染山河).

———— 〈현충사 자료실 소장, 충무공 장검〉

이 칼은 길이가 2미터에, 무게가 4킬로그램이 넘는 것으로, 이순신이 실제로 차고 다니던 칼은 아니다. 통제사의 권위와 위엄을 드러내기 위한 의장용이거나 스스로 결의를 다지기 위해 통제영 자신의 방에 걸어 놓았던 것으로 보인다. 칼자루 속에 '갑오년 4월에 태귀련과 이무생이 만들었다(甲午四月日造太貴連李茂生)'는 글이 새겨져 있어 칼을 만든 사람과 칼을 만든 시기가 갑오년인 1594년임을 알 수 있다. 현재 현충사 자료실에 전시돼 있다. 서슬 푸른 칼날과 그 위에 새겨진 검명이 400여 년이 지난 오늘에도 새삼 전쟁에 임하는 이순신의 강건한 정신자세를 느끼게 한다.

〈문장 6〉

왜적이 … 스스로 바다를 건너와 죄 없는 우리 백성을 죽이고, 또 서
울로 쳐들어가 흉악한 짓들을 저지른 것이 말할 수 없으니, 온나라 신
하와 백성들의 통분함이 뼛속에 맺혀 이들 왜적과는 같은 하늘 아래
서 살지 않기로 맹세했습니다(一國臣民痛入骨髓 誓不與此賊 恭戴一天) …
또한 왜적들이란 간사스럽기 짝이 없어, 예부터 신의를 지켰다는 말
을 들은 적이 없습니다. 흉악하고 교활한 적도들이 아직도 패악스러
운 행동을 그치지 아니하고 … 바닷가에 진을 친 채 … 여러 곳에 쳐
들어와 살인하고 약탈하기를 전일보다 갑절이나 더하니 … 이제 강화
한다는 것은 실로 속임과 거짓뿐입니다 …

_____《이충무공전서》, 권1, 잡저

1594년 3월, 명나라 도사(都司) 담종인(譚宗仁)이 일본 측의 꾐에
빠져 일본과의 강화를 위해 이순신에게 조선 수군은 각각 제 고장으
로 돌아가고, 일본진영에 가까이 가서 트집을 일으키지 말라는 등 일
본군과 싸우지 말라는 공문을 보내왔다. 이에 대해 이순신은 그 같은
지시는 온당치 못하다고 반박하는 답신을 경상우수사 원균, 전라우
수사 이억기와 연명으로 보낸다(1594년 3월 5일). 그 답신에 있는 내용
이다. 왜적, 즉 일본인은 예로부터 신의가 없고 간사, 교활, 흉악하다
고 보는, 이순신의 평소 일본인관을 보여주는 글월이다.

〈문장 7〉

여러 장수들을 불러 모아 약속하되, 병법에 이르기를 반드시 죽고자

하면 살고, 반드시 살고자 하면 죽는다(必死卽生 必生卽死)고 하였고, 또 한 사람이 길목을 지키면 천 명도 두렵게 할 수 있다고 했는데, 이는 오늘의 우리를 두고 이른 말이다. 너희 여러 장수들이 조금이라도 명령을 어기는 일이 있다면 즉시 군율을 적용하여 조금도 용서하지 않을 것이라고 하고, 재삼 엄중히 약속했다. 이날 밤 꿈에 신인(神人)이 나타나 가르쳐주기를 이렇게 하면 크게 이기고, 이렇게 하면 지게 된다고 하였다.

_____ 《난중일기》, 1597년 9월 15일

이순신은 감옥에서 나와(1597년 4월 1일) 백의종군 중 원균이 칠천량해전에서 대패하자 삼도수군통제사에 재임명되었다. 5개월여 후 명량해전(1597년 9월 16일)에서 불안, 동요하는 휘하 장병들을 독려하면서 말한, 이순신의 대표적인 명언이다. 원래는 중국 병법에 나오는 말이지만 이순신이 이 말을 인용함으로써, 이순신의 명언으로 더 유명해졌다.

이날 전투에서 미조항첨사 김응함, 거제현령 안위의 배가 멀리 밖으로 도망치자 이순신은 초요기(招搖旗)를 올려 두 사람을 불렀다. 이순신이 뱃전에 서서 안위를 향해 다음과 같이 일갈했다.

〈문장 8〉

네가 억지 부리다 군법에 죽고 싶으냐? 고 하였고, 다시 불러 안위야. 네가 군법에 죽고 싶으냐? 도망간다고 어디서 살 것 같으냐?(安衛汝慾 死軍法乎 生何所耶) 당장 처형할 것이로되 적세가 급하니 우선 공을 세우게 한다. 어서 힘써 싸워라.

_____《이충무공전서》, 권8, 일기

이순신은 안위의 배 가까이 가서 함께 사력을 다해 적과 싸웠다. 이순신은 명량해전에서 불과 13척의 배로 적선 31척을 침몰시키는 대승을 거뒀다.

〈문장 9〉

천지신명이시여. 이 원수놈들을 무찌른다면 지금 죽어도 유한이 없겠습니다(天日此讐若除 死卽無憾).

_____《행록》

이순신 최후의 해전, 노량해전을 앞둔 1598년 11월 18일 자정. 이순신은 배 갑판 위로 올라가 손을 씻은 뒤 무릎을 꿇고, 이같이 하늘에 빌었다. 그때였다. 하늘의 장수별(將星)이 바다 속으로 떨어졌다. 다음 날, 19일 새벽. 이순신은 운명했다.

4 　　　　　　　　　　　이순신과 학익진

이순신이 학익진을 창안했을까?

이순신이 임진왜란에서 일본 수군을 상대로 거둔 20여 차례의 해전과 승리, 세계해전사에 길이 남을 기록적인 승리의 원동력은 과연 무엇일까? 이순신에 대해 어느 정도 관심이 있는 한국인이라면 거북선과 학익진을 쉽게 떠올린다. 거북선이란 신병기를 만든 것은 물론, 학이 날개를 펼친 것 같은 진형(陣形)을 의미하는 학익진도 바로 이순신이 창안했다는 것이 역시 상식처럼 되어 있다.[1] 말하자면 이순신 승리의 비밀 병기는 거북선이요, 핵심 전술은 바로 학익진이라는 것이다.

이순신이 기존 거북선을 개량하여 세계 최초의 철갑선으로 창제한 것은 높이 평가할 만하다. 그러나 학익진과 관련하여 결론부터 말하면 학익진은 이순신이 창안한 것이 아니다. 학익진은 고대 이래 한,

견내량전투(1592년 7월 7일)에서 이순신이 거북선을 이끌고 일본 수군과 싸우는 모습을
그린 《에혼조선정벌기, 하》(야마모토 쓰네지로 편, 1887년)의 한 장면.

중, 일 등에서 육해전에 널리 사용되던 진법이고, 유럽에서도 이순신이 활약하던 때와 비슷한 시기인 1588년 스페인 무적함대가 영국함대와의 전투에서 학익진과 유사한 개념의 'V자형' 혹은 '독수리대형(Eagle formation)'을 사용하였다. 그러나 무적함대는 이 해전에서 영국함대에 대패해 결국 스페인은 해상무역권을 영국에 넘겨주게 된다. 학익진이 반드시 승리를 보장하는 전법이 아님을 말해준다.

먼저 학익진이 조선에 도입된 경위부터 알아보자. 《삼국사기》나 《고려사》 등 조선시대 이전의 사료에는 학익진이란 용어가 나오지 않는다. 학익진이란 용어가 조선시대 문헌 중에 처음 등장하는 것은 임란 발발 약 140년 전인 《문종실록》(1451년 6월 19일)에 수록된 《신진법(新陣法)》이다. 문종(1414~1452년)이 '친히 지어서 … 수양대군 김종서, 정인지 등에게 명하여 함께 교정하게 하였다'는 《신진법》에는 다음과 같이 진법을 언급하고 있다.

오진(五陣)의 상생·상극은 그 유래가 오래되었다. 그러나, 교습하기가 참으로 어려우므로, 이제 권도(權道)로 간편을 좇아서 다만 방진(方陣)을 가지고 가르치는 것이 옳다. 만약 병세(兵勢)로 말미암거나 지형으

---

1 '거북선[龜船]'이라는 용어가 처음 나타나는 문헌은 태종 13년 2월 초에 "왕이 임진강 나루를 지나다가 거북선이 왜선으로 꾸민 배와 싸우는 모습을 보았다"는 《태종실록》, 1413년 2월 5일자 기사이며, 2년 후에는 "거북선의 법은 많은 적과 충돌하여도 적이 능히 해하지 못하니 가위 결승(決勝)의 좋은 계책이라고 하겠습니다. 다시 견고하고 교묘하게 만들게 하여 전승(戰勝)의 도구를 갖추게 하소서"《태종실록》, 1415년 7월 16일)라는 내용이 보인다. 따라서 거북선은 조선 초기인 15세기 초 왜구격퇴용으로 고안된 것으로 보인다. 이후 170여 년간 거북선에 관한 기록은 없는데, 이순신은 임진왜란 발발 직전 거북선이 접근전에 뛰어난 점에 착안, 이를 철갑선으로 개량, 창제하여 임진왜란 때 일본 수군과의 해전에서 사용하여 큰 성과를 거두었다.

로 말미암아서는 오진뿐 아니라, 장사(長蛇), 학익(鶴翼)[4통(統)이 다 가로로 벌이면 1부(部)가 학익진(鶴翼陣)을 이루는 것이고, 4통이 다 세로로 벌이면 1부가 장사진(長蛇陣)을 이루는 것], 언월(偃月)[4통이 연합하여 휘어 벌리면 1부가 언월진(偃月陣)을 이루는 것], 어린(魚鱗), 조운(鳥雲)의 형상으로 변화가 무궁한 데에 들어가는 것 같음에 이르러서는[4통이 이어 붙어서 벌이면 1부가 어린진(魚鱗陣)을 이루는 것이고, 4통이 각각 모여서 진을 치면 1부가 조운진(鳥雲陣)을 이루는 것], 오로지 장군의 한때의 제어에 달려 있다.

이처럼 문종의 《신진법》에는 세종 대의 병서 《진도지법(陣圖之法)》 등과 마찬가지로 기본진형으로 원진(圓陣), 직진(直陣), 예진(銳陣), 방진(方陣), 곡진(曲陣)등 오진을 제시하고, 추가로 병력이나 지형에 따라 사용할 수 있는 진형으로 장사진, 학익진, 언월진, 어린진, 조운진 등 다섯 가지를 들고 있다.

학익진 등은 말하자면 기본 진형인 오진 이외에 전투상황에 따라 추가적으로 사용하는 보조진형 중 하나이다.

《신진법》에서 언급된 학익진이 우리나라에 어떤 경로를 거쳐 수용되었는지는 관련 자료의 부족으로 정확히 알 수 없다. 학익진은 중국 당나라(618~907년)시대와 일본 헤이안(平安)시대(794~1185년) 이후 사용된 진형으로, 우리나라에는 문종시대 이전에 도입되었다. 임진왜란 발발 약 100~70년 전인 성종, 중종 대에는 함경도, 평안도 지역에서 여진족이 침입했을 때 병사들이 육상전투에서 학익진을 전투대형으로 사용했다는 기록(《성종실록 1491년 2월 6일,《중종실록》1524년

8월 26일)이 있다. 연산군 대에는 사냥할 때 학익진을 형성(《연산군일기》1498년 8월 21일)했다거나, 대가(大駕[임금이 탄 가마])의 호위를 위해 학익진을 사용했다는 기록(《연산군일기》1504년 10월 1일)도 보인다. 이처럼 기본진형인 오진을 비롯해 학익진 등은 본래 육전의 전투대형으로 고안되어 사용되었고, 이후 수전에서도 사용된 것으로 보인다.

당나라에서 일본에 학익진 전래

중국에선 당태종 이세민(李世民)의 《제범(帝範)》 등 몇몇 문헌에서 '학익지위(鶴翼之圍)', '학열(鶴列)' 등의 표현이 보이지만, 구체적인 진형도는 보이지 않는다. 일본에선 학익진이란 용어가 중세 이래 빈번하게 사용되고 있으며, 실전에서 사용된 사례도 많은 편이다. 일본의 군사사(軍事史) 사전인 《도설일본무도사전(圖說日本武道辭典)》(1982)은 학익진의 기원에 대해 "헤이안시대 때 당나라에서 전래된 팔진(八陣)의 진형에서 유래되었다"고 설명하고 있다. 이 사전에 따르면 학익진이란 "양익을 넓게 펼쳐 적을 포위하는 형태의 진형으로 공격과 수비에 모두 이용할 수 있다"고 설명한다.

일본 중세의 전쟁소설류인 가마쿠라 막부(1185~1333년)시대 군기물 《원평성쇠기(源平盛衰記)》와 남북조시대(1336~1392년) 군기물 《태평기(太平記)》 등에도 학익진이란 용어가 빈번하게 등장한다.

일본 헤이안시대 때 당나라에서 학익진이 전래됐다는 일본 측 기록으로 볼 때 고대 중국에 학익진이라는 진형이 존재했고, 조선

《문종실록》에 보이는 학익진도 정확한 도입과정은 불명확하지만 그 기원은 중국에서 유래됐을 가능성이 크다고 할 수 있다.

임진왜란 이전인 중종 대에 조선 수군이 국왕 참관 하에 한강변에서 곡진과 예진 등의 진법을 쓴 수전 연습을 했다는 다음과 같은 기록(《중종실록》, 1512년 5월 11일)이 있다.

> 망원정(望遠亭)에 거동하여 좌곡우예(左曲右銳)의 진법을 쓴 수전(水戰)을 보고 승지에게 전교하였다. "합전(合戰)할 때에 물에 빠지는 사람이 있을 것이 염려되니, 구출할 기구를 준비하라."

따라서 조선 수군은 육전에서 사용되는 기본 진형인 곡진 등을 언제부터인지는 불명이지만 수전에 응용하여 연습했고, 임진왜란이 일어나자 이순신 등은 학익진을 실전에 사용한 것으로 해석된다. 1492년(성종 23년)에 간행된 《진법(陣法)》에는 원진 등 기본진형 오진에 대해서는 그림으로 진법을 설명하고 있지만 학익진 등에 대해서는 그림이 없다.(정해은, 《한국전통병서의 연구》, 국방부 군사편찬연구소, 2004년)

전술했듯이 조선전기(《문종실록》)에 보이는 학익진은 두 가지 형태다. 가로로 펼치는 단순한 횡렬(橫列)모양('4통(統)을 다 가로로 벌이면 1부가 학익진을 이루는 것')과, 알파벳 V자나 U자와 같은 형태의 키를 펼친 모양('기장지세(箕張之勢)')이다. 일본 자료에는 학익진의 모양을 알파벳의 V자나 U자로 설명하고 있다. 또는 키 모양의 기형(箕形)(《전략전술병기사전(戰略戰術兵器事典)》, 1996년)과 거의 유사한 형태의 진형이다. 이는 조선전기 문헌에 보이는 학익진과 비슷한 모양이다.

장사진, 일자진도 사용한 이순신

현재까지 이순신이 일본군을 상대로 한 전투에서 학익진이 언급되는 기록은 난중일기와 장계에서 단 세 건(김병륜, 〈조선시대학익진의 도입과정과 그 운영〉, 2008년)밖에 없다. 앞서 잠깐 언급했지만 한산해전(1592년 7월 8일)에서 승리한 이순신은 임금에게 보고한 장계(같은 해 7월 15일자)에서 다음과 같이 학익진을 펼쳐 전투한 경위를 설명하고 있다.

견내량의 지형이 매우 좁고, 또 암초가 많아서 판옥선은 서로 부딪치게 되어 싸움하기가 곤란할 뿐만 아니라, 적은 만약 형세가 급하게 되면 기슭을 타고 육지로 올라갈 것이므로 한산도 바다 가운데로 유인하여 모조리 잡아버릴 계획을 세웠습니다. 한산도는 거제와 고성 사이에 있어 사방에 헤엄쳐 나갈 길이 없고, 적이 비록 육지에 오르더라도 틀림없이 굶어 죽게 될 것이므로 먼저 판옥선 오륙 척을 시켜서 선봉으로 나온 적선을 뒤쫓아서 습격할 기세를 보였더니 여러 배의 적들이 일시에 돛을 달고 쫓아 나오므로 우리 배는 거짓으로 물러나 돌아나오자, 적들도 줄곧 쫓아오므로, 바다 가운데 나와서는 다시 여러 장수들에게 명령하여 학익진을 벌려서(更令諸將, 鶴翼列陣) 일시에 진격하여 각각 지자(地字), 현자(玄字)와 승자(勝字) 등의 각종 총통을 쏘아서 먼저 두세 척을 쳐부수자, 여러 배의 왜적들이 사기가 꺾이어 도망하므로 여러 장수나 군사들이 이긴 기세를 뽐내어 앞을 다투어 돌진하면서 화살과 화전을 번갈아 쏘니, 그 형세는 바람과 우레 같아, 적의 배를 불태우고, 적을 사살하여 일시에 거의 다 없애버렸습니다.

_____《임진장초(壬辰狀草)》,〈견내량파왜병장(見乃梁破倭兵狀)〉,

《이충무공전서》권2)

이 장계에 나오는 판옥선(板屋船)은 배 위에 널판자로 집을 지은 배를 말하며, 당시의 수군 장수가 타던 주력전함이다. 이순신의 함대에는 거북선, 판옥선 등의 전함 이외에 어부들이 고기잡이하던 포작선(鮑作船)도 참여했다.

한산해전의 이 상황은《선조실록》(1592년 6월 21일)에도 "아군이 죽 벌여서 학익진을 쳐 기를 휘두르고 … 일시에 나란히 진격하여 … 먼저 적선 3척을 쳐부수니(我軍擺列爲鶴翼陣, 揮旗鼓譟, 一時齊進, 連放大小銃筒, 先破賊船三艘)"라고 기록되어 있다.

이 밖에 이순신의 임진왜란 관련 기록에서 학익진이 언급되는 사례는 안골포해전과 당항포해전이다. 그러나 두 해전에서 이순신은 학익진의 대형으로 전함을 이동했다거나 포진했다는 것이지, 한산해전처럼 학익진을 벌여 싸웠다는 것은 아니다. 다음은 안골포해전(한산해전 이틀 후인 1592년 7월 10일)에서의 학익진 언급 부분이다.

[1592년 7월] 초 10일 새벽에 발선하여 "본도 우수사는 안골포 바깥

바다의 가덕 변두리에 결진해 있다가, 우리가 만일 결전하면 복병을 남겨두고 급히 달려오라"고 약속하고 신은 함대를 거느리고 〈학익진〉을 벌여 먼저 전진하고, 경상우수사는 신의 뒤를 따르게 하여 안골포에 이르러 선창을 바라본즉, 왜대선 21척, 중선 15척, 소선 6척이 머물고 있었습니다.

_____ 《임진장초》, 〈견내량파왜병장〉

임진왜란 발발 2년이 가까워오는 1594년 3월 4일 당항포해전에서 이순신은 적진을 앞에 두고 학익진으로 포진하고 있다

[1594년 3월] 초4일 새벽에 전선 20여 척을 견내량에 머물러두어 불의의 사태에 대비하게 하고, 또 삼도의 정예선을 가려내어 … 수군 조방장 어영담을 장으로 정하여 위의 당항포와 오리량 등지의 적선이 정박한 곳으로 몰래 급히 보내었습니다. 신은 이억기 및 원균과 함께 대군을 거느리고 영등포와 장문포의 적진 앞바다의 증도(甑島) 해상에서 〈학익진〉을 형성하여 한 바다를 가로 끊어서 앞으로는 군사의 위세를 보이고 뒤로는 적의 퇴로를 막았습니다.

_____ 《임진장초》, 1594년 3월 10일, 〈당항포파왜병장(唐項浦破倭兵狀)〉

원균도 학익진을 펴다

이상 이순신이 학익진을 언급한 해전기록을 3건 살펴보았는데,

한산해전만 학익진을 펼쳐 싸운 건이고, 나머지 두 건은 학익진으로 이동하거나, 포진한 것이다. 이순신이 전황을 임금에게 보고한 장계 등에는 학익진 이외에 장사진(長蛇陣[부산포해전, 1592년 8월 29일]), 일자진(一字陣[명량해전, 1597년 9월 16일])을 펼쳤다거나, 적을 넓은 바다로 유인하는 전술 등이 자주 언급되고 있다.

따라서 학익진 언급이 세 차례밖에 없는 상태에서 이순신이 임진왜란 중 학익진만으로 연전연승을 거두었다고 단정하는 것은 무리다. 물론 3건을 제외한 다른 전투에서도 학익진을 사용했으나, 기록에 남아 있지 않는 경우도 배제하지 못한다.

일반적으로 졸장으로 지탄받는 원균도 학익진을 폈다는 기록이 있다. 1597년, 경상도 도체찰사 이원익이 올린 장계에 이순신이 삼도수군통제사에서 해임된 후 후임 원균이 안골포로 출진하면서 학익진을 형성해 이동했다고 언급되어 있다. 원균이 다른 전투에서도 학익진을 사용했는지는 알 수 없지만 이는 임진왜란 당시 조선 수군 장수들이 학익진을 통상적으로 사용하고 있음을 말해주는 것으로 해석이 가능하다.

> "신[이원익]의 종사관 남이공(南以恭)이 이 달 19일 술시(戌時)에 성첩(成貼)한 치보 가운데 '18일 한산도에서 발선시켜 저물녘에 장문포(場門浦)에 들어가 자고, 이튿날 일찍 통제사 원균과 함께 같은 배를 타고 대(隊)를 나누어 학익진을 이루어 안골포의 적의 소굴로 직진하였더니(翌日早, 與統制使元均, 同乘一船, 分隊作綜鶴翼, 直進于安骨賊窟,) …'
>
> ———— 《선조실록》, 1597년 6월 29일

학익진이 조선 수군의 통상적인 진형이었는지 이순신 개인이 선호한 진형이었는지는 정확히 알 수 없다. 그러나 임진왜란 당시 조선 수군에서는 이순신뿐 아니라 원균도 학익진으로 이동하고 있음을 알 수 있고, 육전에서도 학익진을 사용하고 있었다.

전라도 소모사 변이중(邊以中)은 1593년 화차를 학익진 대형으로 편성(설차진학익이입(設車陣鶴翼而入))해 일본군과 싸우고 있다는 기록(조경남,《난중잡록》, 1971년)이 있을 뿐만 아니라 명나라와 일본군도 임진왜란 중 육전에서 학익진을 사용했다는 기록(《선조실록》,《난중잡록》)이 있다. 이는 임진왜란 시기에 조·명·일 삼국이 적어도 육전에서는 학익진을 보편적으로 사용하고 있었음을 말해준다.

그림으로 남아 있지 않는 이순신의 학익진

이순신이 펼친 학익진은 어떤 모양이었을까? 이순신이 임진왜란에서 펼친 학익진이 어떤 모습이었는지를 말해주는 그림은 현재까지 없다. 흔히 학익진도라고 널리 알려져 있는 그림은 이순신이 백의종군 후 다시 삼도수군통제사로 제수된 뒤 통제영으로 삼은 고금도 충무사(전남 완도군)에 소장되어 있는《우수영전진도첩》에 있는 것이거나, 이를 근거로 작성한 것이다.

그러나《우수영전진도첩》에는 '건륭사십오년경자(乾隆四十五年 庚子, 1780년)'의 수군 편제가 기록되어 있어 임진왜란 후 180여 년이 지난 시점의 자료임을 말해준다. 그뿐 아니라 명나라 척계광(戚繼

일반적으로 학익진도(鶴翼陣圖)로 널리 알려져 있는 그림. 그러나 전문가들은 고금도 충무사 소장《우수영전진도첩(右水營戰陣圖牒)》에 수록돼 있는 이 그림은 18세기 후반의 문헌이어서 이순신이 임진왜란 중 펼친 학익진 그림이라고 볼 수 없다는 견해를 밝히고 있다.

光, 1528~1588년)이 지은《기효신서(紀效新書)》에서 유래한 것이 분명한 첨자찰, 이로행 등 조선후기형 대형이 포함돼 있어, 전문가(김병륜, 〈조선시대학익진의 도입과정과 그 운영〉, 2008년)들은 이 문서가 조선 후기 문헌이라고 단정한다. 이 논문에 따르면《우수영전진도첩》으로 불리는 문서에는 모두 4장의 학익진 그림이 수록되어 있으나 이 중 두 장은 단기 4284년(1951년)에 필사한 것이므로 사료 가치가 없으며, 나머지 두 장은 동일한 원본에 수록된 것이지만 형태가 약간 다르다는 것이다. 따라서 이 도첩에 있는 학익진 그림은 18세기 후반 조선 수군의 학익진일 가능성이 농후하다. 따라서 두 그림 모두 이순신의 학익진 진형이라고 말할 수는 없다.

한산해전에서 이순신과 싸웠던 일본 수군 장수 와키자카 야스하루에 관한 일본 측 자료인《와키자카기(脇坂記)》에는 "변선[조선 수군의 선박]이 … 일거에 뱃머리를 돌려 큰 배들을 키모양으로 펼쳐 우리 배를 끌어들여 둘러쌌다"라고 되어 있어, 당시 조선 수군은 앞서 설명한 키 모양(箕形陣[기형진])의 학익진을 펼친 것이 아닌가 해석된다.

도쿄 하라주쿠(原宿)에 있는 도고 헤이하치로를 군신으로 모시는 도고신사.

1980년 대 중반, 나는 일본 해군장교가 러일전쟁 중 발틱함대와의 전투를 위해 출동하는 날 이순신의 혼령에 빌었다는 글을 처음 읽고, 솔직히 깜짝 놀랐다. 전투에 나서는 일본 해군장교가 다른 사람도 아닌 이순신에게 자신의 안전과 일본함대의 승리를 빌다니, 세상에 이런 일도 있었구나 하는 놀라움과 함께 언젠가 일본인들이 생각하는 이순신을 한번 다뤄봐야겠다고 마음먹었다.

2000년 말부터 일본에서 십여 년 살게 되면서 일본인들의 사고방식, 특히 사생관은 우리와 확연히 다르다는 것을 직·간접적으로 체험하게 돼 이순신에게 빌었다는, 그 해군장교의 심정도 어느 정도 이해가 되었다. 그러나 일본인과 이순신을 주제로 한 글쓰기는 이런저런 사정으로 차일피일하는 사이, 세월은 수십 년이 흘러갔다. 이제 겨우 묵혀둔 숙제를 마치는 셈이다.

도쿄 도심에 있는 도고신사의 의미

한국 관광객에게도 널리 알려져 있는 도쿄 도심의 유명 패션가 하라주쿠(原宿)역 앞 다케시타도리(竹下通り). 젊은이들로 북적대는 골목길을 따라 올라가면, 번화가 분위기에는 어울리지 않는 고즈넉한 신사가 나온다. 입구엔 '도고신사(東郷神社)'라는 돌비석이 세워져 있다.

바로 러일전쟁 당시 쓰시마해전에서 러시아 발틱함대를 궤멸시켜 일본의 영웅, 군신으로 추앙받는 도고 헤이하치로를 신으로 모시는 신사다. 1934년, 천수를 누린 도고가 87세로 사망한 뒤 국장이 엄수되고, 거국적인 추모 분위기 속에 1940년 이 신사(약 1만2천 평)가 건립되었다. 본전으로 올라가는 돌계단 좌우엔 '국운융창(國運隆昌)', '신덕유구(神德悠久)'라는, 군신을 모시는 신사다운 문구가 적혀 있다. 규모는 아산 현충사와 비교할 바 아니지만, 도쿄 도심 한복판에 한 개인을 위해 이만한 신사가 세워졌다는 사실은 도고가 사망했을 무렵, 그가 일본사회에서 차지하는 비중을 말해준다.

도고신사 인근 아카사카(赤坂)에는 러일전쟁에서 육군대장으로 여순공략 등에서 공을 세운 뒤 메이지천황이 사망(1912년)하자 부인과 함께 순사(殉死)하여 당시 일본 국내외에 큰 충격을 주었던 노기마레스케(乃木希典, 1849~1912년)를 모시는 노기신사(乃木神社)도 있다. 두 사람은 육해군에서 러일전쟁의 승리를 상징하고, 천황에 충성을 다한 인물로 신격화되고 있는 것이다.

도고신사 마당을 서성이며 도고를, 그리고 이순신을 생각해본다. 굳이 이순신과 도고, 어느 쪽이 더 명장인가를 따지는 것은 부질

없는 일이다. 다만 도고는 천황을 비롯하여 내각, 군부 등 국가차원의 전폭적인 지원은 물론 일본 국민의 지대한 관심과 성원 속에 단 이틀 간의 쓰시마 전투에서 러시아함대에 대승을 거둬 일본을 구했다. 반면 이순신의 경우 국왕의 편견과 몰이해에다 당파싸움의 틈바구니에서 하옥, 극형 직전까지 가는 등 그야말로 사면초가, 악전고투의 연속이었다. 이 같은 상황에서 이순신은 7년 동안 20여 차례의 전투에서 전승함으로써 국파(國破) 상태의 조선을 구했다. 그러나 두 장수가 처했던 상황과 그들이 치렀던 해전의 의미를, 오늘날의 한국인, 일본인들은 물론 세계인들 대부분, 제대로 알지 못한다. 이 책을 쓰게 된 이유 중 하나이기도 하다.

어쨌든 도고는 일본 해군 역사상 최초로, 가장 혁혁한 공을 세운 제독임에는 틀림없으며, 그는 임진왜란에서 일본 수군이 이순신에게 패한 이래 해군의 중요성을 쓰시마해전에서의 승리로 일본국민, 나아가 전 세계에 보여준 셈이다.

'징비'의 뜻을 되새겨야 할 때

조선은 류성룡이 '지난 일을 징계하여 후환을 조심한다(懲毖)'는 뜻에서 펴낸《징비록》의 정신을 300여 년간 망각한 채 지내다 결국 일본의 식민지로 전락하는 치욕을 당했다. 반면 일본은 메이지유신으로 동양에서 가장 빨리 근대국가로 탈바꿈하면서 부국강병의 기치 아래, 육군은 물론 해군을 강화, 육성함으로써 청일전쟁에 이어 러일전쟁에서도 승리했다고 할 수 있다. 러일전쟁의 승리로 일본은 조선에 대한 지배권을 열강으로부터 승인받았고, 러일전쟁 5년 후인 1910

년 조선을 강제병합시켜 비 백인국가로서는 유일하게 제국주의 국가의 반열에 올랐다.

동서고금의 전사를 통해 해군장수로서 위기에 빠진 자신의 나라를 구한 이는 이순신과 영국의 넬슨, 일본의 도고 등 몇몇에 불과하다. 특히 이순신과 도고, 두 사람은 서양에 비해 해군이 취약했던 동양의 중, 근세시대에 뛰어난 해군장수 한 사람이 국가와 민족의 흥망을 좌우할 수도 있음을 보여준 좋은 예다.

나라와 민족을 지키기 위해서는 물론 뛰어난 장수도 중요하다. 그러나 왜란에 이어 호란으로 두 번이나 나라가 절단나는 처지가 되었던 조선과 같은 약소국이야말로, 류성룡이 설파한 '징비'의 뜻을 헤아려 강한 나라로 거듭나지 않으면 안 되었다. 그러나 자율적인 근대화를 추진할 역량이 없었던 조선은 결국 일본에 강제병합 당하는, 망국의 역사를 자초했다. 그 망국은 남북분단, 동족상잔으로 이어졌고, 분단은 어느새 70년을 넘어 장기화, 고착화되고 있다. 작금의 한반도 주변 정세는 조선지배권을 놓고 중국과 일본, 서구 열강이 각축하던 한말과 흡사하다. 거기에다 남북은 갈라져 있고, 북한 핵문제가 북미 정상회담으로 완전 해결될지는 미지수여서 당시보다 상황이 훨씬 더 심각하고, 위중하다. 류성룡이 갈파한 '징비'의 뜻을 새삼 되새겨야 할 때다. 치욕의 역사를 반복하지 않기 위해서는 주변 강대국에 휘둘리지 않는, '작지만 강한 나라(強小國)'로 환골탈태하는 길밖에 없다.

아직 끝나지 않은 숙제

이 책을 쓰면서 필자는 진해 주둔 일본 해군들의 충렬사 참배 사진이나 참배 관련 부대기록, 그리고 해군성의 관련 예산 서류가 있는지 등을 찾기 위해 도쿄 방위연구소사료열람실, 일본 국회도서관, 국립공문서관 아시아역사자료센터를 비롯해 당시 한국 및 일본 신문 등 백방으로 확인해보았지만 입수하지 못했다. 본래 그런 자료가 없었는지, 내가 못 찾았는지는 알 수 없다. 당시 해군성의 예산항목에 이순신 진혼제 경비를 계상했다고 쓴 일본인 저자에게 확인해보았지만, 앞서 일본에서 출판된 에세이 류의 이순신 관련 서적을 인용했다는 대답이었다. 관련 사진이나 자료를 발굴하는 작업은 추후의 과제로 삼기로 한다.

이 책이 나오기까지 여러분들의 도움을 받았다. 특히 이순신 관련 글을 쓰시면서, 필자에게는 일본인과 이순신을 주제로 한 집필을 적극 권장한 김형국 교수님(전 서울대환경대학원장)에게 감사의 말씀을 드린다. 김 교수님은 공사다망한 가운데도 귀한 자료를 보내주시고, 조언해주시는 등 여러 가지로 지도, 편달해주셨다.

일본에 있는 자료를 찾아 보내주신 이인지 선배님(전 무사시노대학교수)과 일본 무사 등에 대해 자문해주신 마에카와 게이지(前川惠司) 전 〈아사히신문〉 서울 특파원, 안식년으로 교토에 가 있는 동안 사진촬영과 자료확인 등으로 여러 가지로 폐를 끼친 송완범 교수(고려대 글로벌일본연구원), 까다로운 일본어 자료 번역에 큰 도움을 주신 도쿄의 김종태 선생에게 감사의 말씀을 올린다.

2018년 4월

이종각

· 한국어 자료 ·

강항, 《간양록》, 이을호 역 (서해문집, 1989)

구로타 가쓰히로(黒田勝弘), 《날씨는 맑으나 파고는 높다》, 조양욱 역 (조갑제닷컴, 2017)

국방부, 《임진왜란사》 (국방부전사편찬위원회, 1987)

기타지마 만지, 《《난중일기》로 본 임진왜란》, 《이순신연구》 창간호 (순천향대학교 이순신연구소, 2003)

김문자, 〈秀吉의 病死風聞과 朝日交涉〉, 《일본역사연구》 제8집 (1998. 10.)

김문자, 〈임진왜란에 대한 일본의 시각변천〉, 《역사비평》 제46호 (1990. 2.)

김문자, 〈전쟁과 평화의 근세 한일관계〉, 《일본역사연구》 제18집 (2003. 10.)

김병륜, 〈조선시대 수군진형과 함재 무기 운영〉, 《군사》 제74호 (국방부군사편찬연구소, 2010)

김병륜, 〈조선시대 학익진의 도입과정과 그 운영〉, 《학예지》 제15집 (육군사관학교 육군박물관, 2008)

김병섭 편저, 《대항해시대의 국가지도자 이순신》 (서울대학교출판문화원, 2017)

김시덕, 《그들이 본 임진왜란》 (학고재, 2012)

김시덕, 《그림이 된 임진왜란》 (학고재, 2014)

김윤식, 《이광수 그의 시대, 제3권》 (한길사, 1986)

김종대, 《이순신, 신은 이미 준비를 마치었나이다》 (가디언, 2012)

김주식, 〈이순신에 대한 일본인의 연구와 평가〉, 《해양문화재》 제4호 (국립해양문화재연구소, 2011)

김지하, 〈구리 이순신〉, 《다리》 (1971. 11.)

김충선, 《모하당문집 부실기》, 이수락 역 (사성김해김씨종회, 1996)

김태준, 〈일본에서의 충무공 이순신장군의 명성〉, 《명지문학》 제10호 (1978. 2.)

김태훈, 《그러나 이순신이 있었다》 (일상과 이상, 2014)

김형국, 〈천년의 인물, 이순신〉, 《이 나라에 이런 사람들이》 (기파랑, 2017)

류성룡, 《교감. 해설 징비록》, 김시덕 역해 (아카넷, 2013)

류성룡, 《징비록》, 이민수 역 (을유문화사, 2003)

박영준, 《해군의 탄생과 근대 일본》(그물, 2014)

박정희, 〈나의 소년시절〉, 《월간조선》(1984. 6.)

박혜일 외, 〈사실에서 괴리된 이순신소설〉, 《이순신연구논총》 제3호(순천향대학교 이순신연구소, 2004. 가을·겨울)

세키 고세이, 《조선 이순신전》, 박형균 역(통영사연구회 제5집, 2012)

송복, 《서애 유성룡 위대한 만남》(지식마당, 2007)

신유한, 《해유록》, 장상섭 역(정음사, 1979)

신채호, 《수군 제일위인 이순신》, 단재신채호전집(4)(독립기념관 한국독립운동사연구소, 2007)

이광수, 《이순신》(다나기획, 2004)

이광연, 설한국, 〈조선의 산학서로 본 이순신장군의 학익진〉, 《동방학》 제28집(한서대학교부설동양고전연구소, 2013)

이동하, 《이광수》(동아일보사, 1992)

이민웅, 《임진왜란해전사》(청어람미디어, 2004)

이순신, 《난중일기》, 노승석 역(여해, 2016)

이순신, 《난중일기》, 이민수 역(범우사, 2006)

이은상 완역, 《이충무공전서 (상,하)》(성문각, 1989)

이은상 완역, 《충무공 발자국 따라 태양이 비치는 길로 (상,하)》(삼중당, 1973)

이장희, 《임진왜란사연구》(아세아문화사, 1999)

이지우 외, 《통영 그리고 이순신의 발자취》(통영시청, 2009)

이진이, 《이순신을 찾아 떠난 여행》(책과 함께, 2013)

장학근, 〈수조(水操)에 나타난 이순신 전술〉, 《이순신연구논총》 제12호(순천향대학교 이순신연구소, 2009. 가을·겨울)

전재호, 《반동적 근대주의자 박정희》(책세상, 2000)

정광수, 〈거북선과 학익진대형의 진법도에 담겨 있는 승첩과 리더십의 비결〉, 《이순신연구논총》 제5호(순천향대학교 이순신연구소, 2005. 가을·겨울)

정두희, 이경순 편저, 《임진왜란 동아시아 삼국전쟁》(휴머니스트, 2007)

정재경 편저, 《박정희실기》(집문당, 1994)

정해은, 《한국전통병서의 연구》(국방부 군사편찬연구소, 2004)

제장명, 〈조선시대 이순신에 대한 인식의 변화과정〉, 《이순신연구논총》 제5호(순천향대학교 이순신연구소, 2005. 가을·겨울)

조갑제, 《내 무덤에 침을 뱉어라 2》(조선일보사, 1998)

조경남, 《난중잡록》(민족문화추진회, 1978)

진병용 외, 〈한·일평화의 가교 김충선(沙也可)과 우록리에 관한 연구〉(대구경북연구원, 2012)

최남선, 《육당최남선전집 (1~15)》(현암사, 1973~1975)

최두환, 《충무공이순신전집 (1~6)》(우석, 1999)

한국역사교과서연구회, 일본 역사교육연구회 공편, 《한일교류의 역사》(혜안, 2007)

한문종, 〈임진왜란시의 항왜장 김충선과 《모하당문집》〉, 《한일관계사연구》 제24집 (한일관계사학회, 2006)

한일문화교류기금 편, 《한일양국, 서로를 어떻게 기록했나》(경인문화사, 2017)

함재봉, 《한국사람 만들기 1 》(아산서당, 2017)

홍이섭, 〈외국문헌에 보인 이순신장군〉, 《신천지》 제3권제10호(서울신문사, 1948. 11/12월호 합병호)

〈2011년 검정통과 일본역사교과서의 문제점〉, 《역사교육논집》 제47집(역사교육학회, 2011)

·일본어 자료·

加藤陽子, 《それでも´日本人は〈戦争〉を選んだ》(新潮社, 2016年)

琴秉洞, 《耳塚》(總和社, 1994年)

吉田俊雄ほか, 《日本海軍の名將と名參謀》(新人物往來社, 1987年)

金素雲, 《近かく遙かな國から》(新潮社, 1979年)

讀賣新聞取材班, 《檢證日露戰爭》(中央公論新社, 2005年)

藤居信雄, 《李舜臣覺書》(古川書房, 1982年)

半藤一利, 《日露海戰史》(3)(平凡社, 2014年)

福川秀樹, 《日本海軍將官辭典》(芙蓉書房, 2000年)

北島万次, 《豊臣秀吉の朝鮮侵略》(吉川弘文館, 1995年)

北島万次, 《壬辰倭亂と秀吉,島津,李舜臣》(校倉書房, 2002年)

北島万次, 《秀吉の朝鮮侵略と民衆》(岩波新書, 2012年)

司馬遼太郎, 《街道をゆく(2)__韓のくに紀行)》(朝日新聞社, 1978年)

司馬遼太郎, 《'明治'という国家》[下] (日本放送出版協會, 1994年)

司馬遼太郎, 《坂の上の雲》(8) (文藝春秋, 1999年)

山田郎, 《これだけは知っておきたい日露戦争の眞實》(高文研, 2010年)

生出壽, 《知將秋山眞之》(光人社, 2009年)

石川泰志, 《佐藤鐵太郎海軍中將傳》(原書房, 2000年)

石川泰志, 《海軍國防思想史》(原書房, 1995年)

惜香生, 《文錄征韓水師始末朝鮮李舜臣傳》(偕行社, 1892年)

鮮于煇ほか, 《日韓理解への道》(中央公論社, 1987年)

笹間良彦, 《圖說日本武道辭典》(柏書房, 1982年)

小笠原長生, 《日本帝國海上權力史講義》(海軍大學校, 1902年)

小笠原長生, 《東郷元帥詳傳》(春陽堂, 1921年)

水野俊平, 《笑日韓論》(フォレスト出版, 2014年)

實松讓, 《海軍大學教育》(光人社, 1993年)

阿部眞造, 《東郷元帥直話集》(中央公論社, 1935年)

歴史群像グラフィック戦史シリーズ, 《戰略戰術兵器事典》2 (學研社, 1996年)

歴史と旅, 特別増刊, 《帝國海軍提督總覽》(秋田書店, 1990年)

鈴木良一, 《豊臣秀吉》(岩波新書, 1954年)

影山昇, 《海軍兵學校の教育》(第一法規出版, 1978年)

雨倉孝之, 《帝國海軍將官入門》(光人社, 2015年)

有馬成甫, 《朝鮮役水軍史》(東京:海と空間, 1942年)

日本海軍軍令部, 《明治三十七, 八年海戰史》(全3券) (芙蓉書房出版, 2004年)

立谷和比古, 黒田慶一, 《秀吉の野望と誤算》(文英堂, 2000年)

田中宏巳, 《東郷平八郎》(吉川弘文館, 2013年)

佐藤鐵太郎, 《帝國國防論》(水交社, 1902年)

佐藤鐵太郎, 《帝國國防史論》(水交社, 1908年)

佐藤鐵太郎, 《大日本海戰史談》(財團法人三笠保存會, 1926年)

佐賀縣立名護屋城博物館, 《肥前名護屋城と「天下人」秀吉の城》(2009年)

週刊朝日編輯部,《司馬遼太郎と坂の上の 雲》(朝日新聞出版, 2015年)

竹國友康,《ある日韓歴史の旅》(朝日新聞社, 1999年)

仲尾宏,《朝鮮通信使》(岩波新書, 2007年)

中村榮孝,《日鮮關係史の研究》(中)(吉川弘文館, 1969年)

中塚明,《司馬遼太郎の歴史觀》(高文研, 2009年)

秦郁彦編,《日本陸海軍總合事典》(東京大學出版會, 1991年)

川田功,《砲弾を潜りて》(博文館, 1925年)

川田功,《軍する身》(止善堂, 1917年)

川田功,《壯烈敵艦を擊滅す》(《少年少女海談》, 1930年 5月)

秋山眞之會 編,《天氣晴朗ナレドモ波高シ》,〈提督 秋山眞之〉と〈日本海海戰〉(毎日ワンズ, 2009年)

海軍教育本部,《帝國海軍教育史》(第2卷)(原書房, 1983年)

戶高一成 監修,《日本海軍士官總覽》(柏書房, 2003年)

坂根嘉弘 編,《軍港都市研究史》VI（要港部編）(清文堂, 2016年)

坂本悠一 編,《帝國支配の最前線》7(植民地)(吉川弘文館, 2015年)

片野次雄,《李朝滅亡》(新潮社, 1994年)

高麗博物館,〈400年前の朝鮮侵略:文禄·慶長の役のつめ痕と文化的影響〉(2015年 企劃展示)

吉留路樹,〈金忠善の子孫たち〉,《親和》(1973年 10月號, 日韓親和會)

金素雲,〈恩怨三十年の歩み〉,《文藝春秋》(1954年 9月號)

金素雲,〈魚睡圓閑話〉(第10回),《アジア公論》(1976年 7月號)

金素雲,〈魚睡圓閑話〉(第22回),《アジア公論》(1977年 10月號)

金泰俊,〈日本における李舜臣の名聲〉,《比較文學研究》(東大比較文學會, 1981年 11月號)

魯成煥,〈耳塚の〈鎭魂〉をどう考えるか〉」(國際日本文化研究センター, 2013年)

藤塚明直,〈アドミラル李舜臣を讚ふ〉,《慶熙》, 第8號(京城公立中學校同窓會, 1977年)

尾池宜郷,〈朝鮮のネルソン李舜臣(上中下)〉,《海之世界》, 7(8-10)(1913 年 8月號 – 10月號)

北島万次,〈壬辰倭亂と民衆〉,《朝鮮史研究會》(2005年 10月號)

北島万次,〈李舜臣〈亂中日記〉にみる船漕と降倭〉,《人民の歴史學》(2016年 3月號)

北澤法隆, 〈日本海戰と丁字戰法〉, 《海事史研究》(日本海事史學會, 2011年 12月號)

山道襄一, 〈日本人と稱する慕夏堂金忠善〉, 《朝鮮半島》(日韓書房, 1911年 6月號(附錄1))

山脇重雄, 〈日本海戰と"Togo turn"〉, 《軍事史学》1968年5月號, 軍事史學會

宋判權, 〈舊日本軍關係者文書に見る李舜臣像〉, 《北東アジア文化研究》, 第25號(2007年 3月)

安藤彦太郎等編, 〈日.韓.中三國人民連帶の歷史と理論〉(日本朝鮮研究所, 1964年)

奧田鯨編著, 〈慕夏堂日本無雙の不忠者〉, 《日韓古蹟》(日韓書房, 1911年)

李寶燮, 〈歸化武將沙也可(金忠善)に關する評價の變遷〉, 《廣島修大論集》, 48卷 1號(第91號)(人文編, 2007年)

〈日本海と明治人の氣概〉, 《正論》(臨時增刊, 2004年 12月號)

佐藤鐵太郎, 〈絶世の名將李舜臣〉, 《朝鮮地方行政》(1926年 2月號)

中村榮孝, 〈慕夏堂金忠善に関する資料について〉, 《青丘學叢》第12號(1933年 5月)

戶高一成, 〈日本海戰に丁字戰法はなかった〉, 《中央公論》(中央公論新社, 1991年 6月號)

〈キ－ワ－ドで読む日露戦争100年目の真実〉, 《歷史讀本》(2004年 4月號)

일본인과 이순신

초판 2쇄 펴낸날 2018년 8월 1일

지은이 | 이종각
펴낸이 | 이상규
펴낸곳 | 이상미디어
편집인 | 김훈태
책임편집 | 김승규
디자인 | 표지 [★]규, 본문 오은영
마케팅 | 김선곤
등록번호 | 209-06-98501
주소 | 서울 성북구 정릉동 667-1 4층
전화 | 02-913-8888
팩스 | 02-913-7711
이메일 | leesangbooksgmail.com

ISBN 979-11-5893-058-5 03910